発展
コーポレート・ファイナンス

菅野正泰 ◎── 著

創 成 社

はしがき

　コーポレート・ファイナンスの守備範囲は結構広い。邦訳されているビジネススクールのテキストで，頁数が多いものでは，実に 1,500 頁を超えるものまで存在する。しかしながら，それを読みこなすのは，一部の研究者等以外，容易なことではない。

　これに対して，本書で取り扱う範囲は，主に，コーポレート・ファイナンスにおける企業の資金調達および投資に関する「発展的」領域である。具体的には，株式による資金調達，社債による資金調達，および銀行借入れによる資金調達である。これに付随する内容として，信用格付とそれに基づく信用リスク評価について考える。資金調達を行う側の企業にとっても，投融資を行う側の投資家・銀行にとっても，信用格付は企業の信用力を判断する上で極めて重要な判断指標であり，現代のコーポレート・ファイナンスを議論する上では欠かせない道具である。

　また，スワップ，オプション等のデリバティブを活用した財務戦略，財務分析と財務計画，M&A，などの事項について解説する。デリバティブは，キャッシュ・フローを変換する手段として，企業財務に欠かせない手段であるにもかかわらず，良くないイメージを持っている人が少なくないが，正しい理解をして利用すれば，有効な手段であることを認識してもらいたい。そのため，数式を使った難解なオプション理論等を使わずに平易な解説を試みる。

　すべての章末に演習問題をつけ，演習が必要な章には，計算演習の問題をつけた。また，本書では，コーポレート・ファイナンスの基本事項，すなわち，現在価値，債券や普通株式等の金融商品やプロジェクトの価値評価（バリュエーション），リスクとリターン，ポートフォリオ理論，資本コストといった事項については，姉妹書『実践コーポレート・ファイナンス』（創成社）等の他書に譲り，取り立てて説明することは行わない。

　最後に，本書の出版では，創成社の西田徹 出版部課長にお世話になった。この場を借りてお礼を申し上げる。

2017 年 6 月

菅野正泰

目　次

第1章
企業の資金調達と証券市場

　この章では，コーポレート・ファイナンスの2つの基本機能である投資と資金調達に関する近年の多様化と証券市場の進展について解説する。

第1節　企業の資金調達と投資の概要

　一般事業会社における投資活動は，事業への投資すなわちプロジェクト投資を指す。このとき，一般事業会社は，基本的に実物資産へ投資する。ここで，実物資産の多くは，機械，工場やオフィスのように有形のものであるが，技術上の専門知識や商標，特許，また映画などのコンテンツのように無形資産もある。結局，事業投資とは，どの実物資産へ投資するかという問題に帰着される（図1−1）。このため，一般事業会社は，投資活動を行うために，自己資金で賄えない分の資金を調達する必要がある。ここで調達手段としては，金融負債（銀行借入れ）か，有価証券（株式，債券）による調達の二者択一である。

　一方，銀行など金融機関は，主に融資（ローン）や，株式，債券などの有価

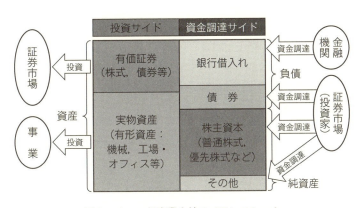

図1−1　一般事業会社のバランスシート

証券，あるいは金利などの金融資産へ投融資を行っており，また，資金調達の面では，その大半が個人からの預り金や銀行間借入れによるものであるため，一般事業会社と事業構造が異なる。

第2節　企業の資金調達

　従来の企業の資金調達の動向について時期別に検証する。

◆高度経済成長期（1955〜73年の約20年）

　この時期，実質経済成長率が年平均10%前後の高水準で成長を続けた。外部資金調達への依存度が大きく，外部調達の中でとりわけ銀行からの借入金の比率が高い時期である。

◆オイルショック以降

　オイルショックは1970年代に二度発生し，第1次は1973年に第4次中東戦争がきっかけとなり，第2次は1979年のイラン革命がきっかけとなり発生した。この時期，内部資金による調達割合が上昇した。一方，大企業中心に証券市場からの調達や外債による調達が増加し，その結果，借入金の割合が低下した。

◆1989年までの金融緩和期

　1989年にバブル景気はピークを迎える。この間，資金調達コストの低下による外部調達意欲が高まり，国内株式市場は活況を呈し，また，国内外市場のエクイティファイナンス（増資，転換社債・ワラント債の発行）が活発化した。

◆1989年の金融引締め以降

　バブル崩壊により，株式市場が低迷し，資本市場からの資金調達は急激に減少した。このため，時価発行公募増資は事実上停止の状態が続いた。一方，新規公開企業の増加等の影響で，1999年に約10兆円の資金調達があった。

◆それ以降の景気低迷期

　企業の業績は伸び悩み，株式による資金調達額は減少し，3兆円前後に推移した。そのため，資金調達における内部調達の割合が高まった。

◆近年の状況

　緩和的な金融政策により，外部調達の割合が増加した。一般事業法人（民間

非金融法人企業）が資金調達する割合を金融負債に占める残高構成比（2016年6月末現在）で見ると，最も多い資金調達手段は借入れの40.1%であり，2番目は株式の18.7%であり，3番目は企業間・貿易信用の16.8%となっている（図1−2）。

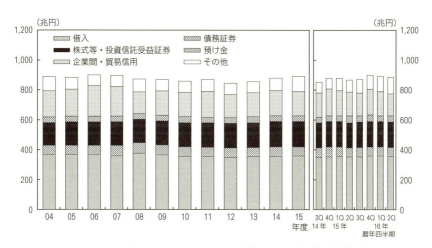

図1−2　事業法人（民間非金融法人企業）の金融負債残高構成比

出所：日本銀行資金循環統計。

第3節　債券市場

　債券は，国や会社がお金を借りるために発行する借用証書である。すなわち，発行体としての国や会社は，債券市場で投資家に債券を発行して資金調達を行う。ここで，発行体と債券投資家は債務者と債権者の関係にある。

　さて，債券を発行主体別に分類したものが，表1−1である。一般事業会社が資金調達のために発行する債券は民間債のうち社債であり，オプション等，何も条件が付与されていない社債は普通社債といい，発行額ベースで大半を占める。これに対して，新株予約権付社債や仕組債は，オプション等のデリバティブが内包された社債である。一方，発行される債券の大半は国債であり，近年，表1−2のような国債流通市場の活性化が行われてきた。ここで，国債・社債等を問わず，流通市場取引は，取引所取引と店頭取引に分類される。債券

4

大分類	中分類	小分類
公共債	国債，政府保証債，地方債	
民間債	社債：一般事業会社が発行する債券	・普通社債 ・新株予約権付社債：一定期間内に権利者が権利行使した場合に，企業が一定価格で新株の発行等をする義務を負う新株予約権付きの債券 ・仕組債：デリバティブが組み込まれた債券
	金融債：特定の金融機関が発行する債券	
外　債	外国政府，外国政府機関，国際機関，外国民間企業などの非居住者が日本国内で発行する債券	

表1-2　国債流通市場の活性化事由

1999年9月	30年国債の公募入札
2003年3月	個人向け国債（満期10年，6か月変動金利，最低額面1万円）発行開始
2004年3月[1]	物価連動国債（満期10年，CPI（生鮮食品を除く総合指数）に元金額が連動する）の発行

市場取引のほとんどは国債の店頭取引で，2016年度の店頭市場（東京）における国債売買高のシェアは99.2％である（出所：日本証券業協会公社債種類別店頭売買高（一覧）データ）。

第4節　株式市場

　株式は，企業が資金調達のために発行する証券であり，債券と異なり，調達した資金は返済不要である。企業が発行する株式の大半は普通株式が占め，こ

1）　日本の物価連動国債は，2004年3月から2008年8月にかけて発行された後，リーマンショック後の市場環境の悪化から，2008年10月以降発行を取りやめていたが，2013年10月に発行が再開された。

の株式は，株式会社が資金調達のために発行する最も一般的な株式である。

　株式市場は，株式の取引を行う場で，発行市場と流通市場から成り立つ。

◆発行市場

　会社が資金調達するために新たに発行した株式が，証券会社を通じて投資家へと売り渡される市場をいう。

◆流通市場

　発行市場を通じて投資家に売られた株式が再び投資家の間で売買される市場をいう。ここで，株式の発行市場には，次の2種類の市場が存在する。

（1）取引所市場

　　一定の上場基準を満たした会社の発行する株式が，全国6ヵ所の取引所で売買される市場である。上場基準により市場が区分されており，例えば，東京証券取引所では，1部，2部，マザーズの3市場が開設されている。

（2）株式店頭市場（東証 JASDAQ 市場）

　　東京証券取引所管理下の市場をいう。2004年12月に証券取引所免許を取得し，ジャスダック取引所として営業開始した。2010年10月12日，JASDAQ市場と大証ヘラクレス市場が経営統合し，新JASDAQ市場が誕生した。新JASDAQ市場では，損益や規模など企業の実績を踏まえて上場するスタンダード市場と，企業が赤字でも将来性を見越せば上場できるグロース市場の2部構成となった。さらに，2013年7月16日，大阪証券取引所の現物市場が東京証券取引所に統合されたため，ジャスダックも東京証券取引所の管理下に置かれ，東証 JASDAQ となった。

第5節　証券決済システム

　かつて，わが国の証券決済システムは諸外国に比べて整備が遅延していたが，近年，国際競争力をつけるための検討が行われ，その結果，有価証券の種類をまたがる統一的な証券決済法制が整備された。まず，2001年6月には，コマーシャルペーパー（CP）のペーパーレス化の法律として，「短期社債振替法」が

成立し，公布された（スタートは 2003 年 3 月）。また，2002 年 6 月には，「証券市場整備法」（「証券決済制度等の改革による証券市場の整備のための関係法律の整備等に関する法律」の略称）が公布され，DVP（Delivery Versus Payment）の導入を促進するため，インフラである清算機関に関する制度が整備された。ここで，DVP とは，証券の引渡し（delivery）と資金の支払（payment）を相互に条件づけ，同時履行を確保する仕組みをいう。

◆各種証券の**ペーパーレス化**が，以下のタイミングで実現した。

（1）国債：2003 年 1 月

（2）地方債，社債等一般債：2006 年 1 月

（3）投資信託：2007 年 1 月

（4）上場会社の株券：2004 年 6 月に株式のペーパーレス化実現のための決済合理化法の整備が行われ，2009 年 1 月に電子化が実施された。

◆2009 年 1 月，「社債，株式等の振替に関する法律」が施行され，CP，国債等の公社債，投資信託，株式等のほとんどすべての有価証券をカバーする証券決済法制が整備され，以下の 2 つの仕組み（振替制度と加入者保護信託）が導入された。

（1）振替制度（図 1 - 3 参照）

　・国債振替決済制度（振替機関：日本銀行）

　　　国債の所有権を口座振替によって移転する制度。口座振替は，日銀ネット国債系により処理される。

　・一般債振替制度（振替機関：㈱証券保管振替機構）

　　　社債等の権利移転を完全ペーパーレスにより行う決済制度。

　・投資信託振替制度（振替機関：㈱証券保管振替機構）

　　　投資信託の受益証券をペーパーレス化して，受益権の発生や消滅，移転をコンピュータシステム上で口座の記録により行う制度。

　・短期社債（電子 CP）振替制度（振替機関：㈱証券保管振替機構）

　　　CP の発行・振替・償還の手続きを完全ペーパーレスにより行う制度。

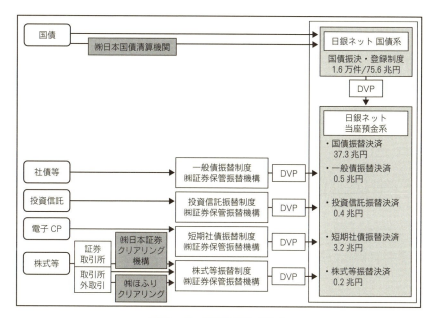

図1−3　証券決済システム

（注1）取引所外取引は，株式売買注文のうち，取引所以外の場所で成立する取引をいい，主なものとして，法人（機関投資家や事業会社など）向けの**ダークプール**（Dark Pool）と個人・法人向けの**私設取引システム**（PTS）の2つがある。

（注2）㈱日本国債清算機関，㈱日本証券クリアリング機構，および㈱ほふりクリアリングの3社は，それぞれ，国債取引，株式取引等，および株式取引等の**中央清算機関**（Central Counterparty: CCP）として，複数の市場参加者の相手方として清算を行う。なお，㈱日本証券クリアリング機構は，国内におけるすべての証券取引所で成立した現物取引や大阪取引所で成立した先物・オプション取引に係る清算業務を行う。

出所：日本銀行，㈱証券保管振替機構の公開資料を元に著者作成。

- 株式等振替制度（振替機関：㈱証券保管振替機構）

　　上場会社の株式等に係る株券等はすべて廃止されたため，株券等の存在を前提として行われてきた株主等の権利の管理（発生，移転および消滅）を，㈱証券保管振替機構および証券会社等に開設された口座において電子的に行う制度。

8

（2）加入者保護信託

　　　一般投資者保護の仕組みとして，振替制度に加入者保護信託制度が創設された。

◆証券決済法制の整備により実現した主な決済処理機能は，以下の通りである。

（1）有価証券の**ペーパーレス化**

（2）**DVP**（Delivery Versus Payment）

（3）**STP**（Straight Through Processing）[2]

演 習 問 題

1.1　次の用語を説明しなさい。
　　物価連動国債，DVP，STP，CCP

1.2　以下の文中のカッコ内に適切な用語を入れなさい。
　　近年，緩和的な金融政策により，企業の外部調達の割合が増加した。一般事業法人（民間非金融法人企業）が資金調達する割合を金融負債に占める残高構成比（2016年6月末現在）で見ると，最も多い資金調達手段は（ a ）の40.1％であり，2番目は（ b ）の18.7％であり，3番目は（ c ）の16.8％となっている。

2）　証券取引において，約定から決済に至る一連の事務処理を電子的なシステムにより自動化し，人手を介さずに一貫処理することをいう。

第2章
株式による資金調達

この章では，株式による資金調達について解説する。株式には，普通株式の他，優先株式等さまざまな種類株式が存在し，株主に付与される権利も異なる。

第1節　資金調達手段としての株式

株式による資金調達は，図2－1の貸借対照表すなわちバランスシート上の株主資本による資金調達をいう。ここで，一般事業法人（民間非金融法人企業）が株式で資金調達する割合（金融負債に占める残高構成比）は18.7%（2016年6月末現在）であり，2番目に多い資金調達手段である（出所：日本銀行資金循環統計）。

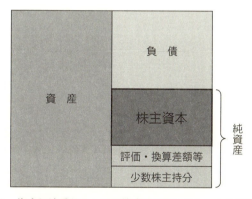

図2－1　資金調達手段としての株式のバランスシート上の位置づけ

第2節　株主の権利

株式会社の所有者である株主には，さまざまな権利がある。まず，自益権と共益権の観点で分類すると，主要な権利は以下の通りである。

◆自益権

権利行使の結果がその株主個人の利益だけに関係する権利をいう。

（1）剰余金配当請求権

　　会社が配当という形で利益の中から剰余金を株主に分配する場合，株主がそれを受け取ることができる権利をいう。

（2）残余財産分配請求権

　　会社が解散した場合，借金などを返済した後に残った財産を株主が受け取ることができる権利をいう。

（3）株式買取請求権

　　株主が，会社に対して自己の保有する株式の買取りを求めることができる権利をいう。

◆共益権

権利行使の結果が株主全体の利害に影響する権利をいう。

（1）議決権

　　株主が株主総会に出席して，会社が提案する利益処分等の議案に賛否を投じることができる権利をいう。原則として，その所有する株式数に応じて一定量の議決権を株主総会において行使することができる。

（2）株主総会招集請求権

　　総株主の議決権の3％以上（または定款で定めた割合）の議決権を，6ヵ月（または定款で定めた期間）前から引き続き持つ株主が，取締役に対して株主総会の招集を請求することができる権利をいう。

（3）株主提案権

　　株主が株主総会に議案を提案することができる権利をいう。

（4）取締役の違法行為差止権

　　監査役のいない会社等では，取締役が法令定款に違反する行為をし，著しい損害が生ずるおそれがあるときに，株主が行使することができる権利をいう。一方，監査役設置会社や委員会設置会社では，監査役や監査委員が，違法行為差止請求権を行使することができるため，株主は，会社に回復することができない損害が生ずるおそれがあるとき

しか差し止めることができない。

（5）解任請求権

　　　取締役や監査役などの職務遂行に関して，不正の行為または法令等に違反する重大な事実があったにもかかわらず，その役員を解任する議案が株主総会で否決された場合などに，株主総会後 30 日以内にその役員の解任を裁判所に請求することができる権利をいう。

　一方，単独株主権と少数株主権に分類すると，主要な権利は以下の通りである。

◆単独株主権

　1 単元の株式しか持たない株主でも行使可能な権利をいう。

（1）継続保有不要

　　・剰余金配当請求権

　　・議決権

（2）6 ヵ月間の継続保有が必要

　　・取締役・執行役の違法行為差止請求権

　　・代表訴訟提起権

◆少数株主権

　一定株式数または一定割合以上の持ち株数を持っている株主だけが行使可能な権利をいう。

（1）株主提案権

（2）解任請求権

例　株主提案権の事例

　この権利は，株主総会で議案を提案できる権利である。会社法で制定され，「300 個以上の議決権か総株主の議決権の 1 ％以上」を 6 ヵ月前から継続保有していれば行使できる。提案は総会日の 8 週間前までに会社側に伝えなければならない。少数株主の意見を経営に反映させるために 1981 年導入（少数株主権）された（図 2 - 2）。

　可決された例は，過去 7 年に 2 件ある。そのうちの 1 件は，2009 年，アデ

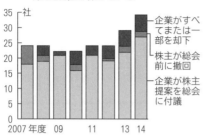

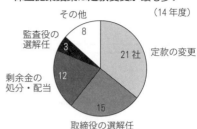

株主提案は増えている

35 社
30
25
20
15
10
5
0
2007年度　09　11　13　14

企業がすべてまたは一部を却下
株主が総会前に撤回
企業が株主提案を総会に付議

（注）年度は企業の決算期。全国株懇連合会調べ

株主提案議案は定款変更が最も多い

その他　　　（14年度）
8
監査役の
選解任
3
剰余金の
処分・配当
12
21社　定款の変更
15
取締役の選解任

（注）総会に株主提案を付議した27社の議案を
分類（複数回答）。全国株懇連合会調べ

図 2 - 2　株主提案権

出所：2016年3月21日日本経済新聞。

ランスホールディングスにおいて，米投資ファンドのスティール・パートナーズが取締役の選任議案を巡って提出した案件が可決された。

第3節　単位株制度と単元株制度

　従来の単位株制度は1982年に導入され，既存の上場会社は額面の合計が5万円に相当する株式数，または会社の定款で別に定める株式数を1単位とすることが義務付けられていた。その後，株価上昇に伴い，銘柄によっては最低投資額が大きくなるところも現れ，個人投資家が少額からでも株式に投資できるように，売買単位の引き下げを求められ，その結果，単位株制度が廃止され，単元株制度が導入された。

◆**単位株制度**（昔の制度）

　額面の合計5万円に相当する株式数（例：額面50円なら1単位1,000株）または会社の定款で別に定める株式数を1単位（1単位当たりの純資産の合計が5万円以上）とする制度をいう。

◆**単元株制度**（現在の制度）

　株価の上昇に伴い，最低投資額が大きくなる企業が出現した。個人投資家が少額でも投資できるように，株式の売買単位が引き下げられた。すなわち，2001年10月に商法が改正され，単位株制度を廃止，1売買単位を発行企業が

自由に決定できる単元株制度が導入された。

◆単元未満株式

　会社法では，旧商法の端株（はかぶ：1株に満たない株式）制度が廃止され，単元未満株式に統合された。単元未満株主には，株主総会の議決権は付与されないが，それ以外の株主の権利は原則認められている。

第4節　株式の種類

　一般的に，株式といえば普通株式を指すが，株式会社は，権利や内容の異なる複数の種類の株式（種類株式）を発行することができる。1つの普通株式に与えられる権利は原則平等である。株式を保有する株主は，株主総会での議決権を有することで経営に参加したり，配当を受け取ったりする権利など，その保有する株数に応じた権利を有する。

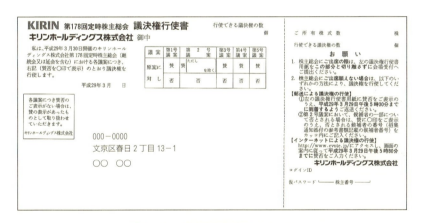

図2-3　議決権行使書のイメージ

　参考までに，図2-3は，株主が株主総会における各議案について議決権を行使するために使用される議決権行使書のイメージである。行使できる議決権の数が明記されており（図2-3では，消去），議案毎に賛否を投じる形式である。現在では，インターネットでも議決権を行使できる会社が増えてきている。

　一方，種類株式は以下の9種類ある。

（1）優先株式

　「剰余金の配当」や「残余財産の分配」について，優先的に扱われる株式をいい，次の3種類に分類することができる。

　　（a）**配当優先株式**：事業年度ごとに一定額の配当を普通株式に優先して受け取ることができる株式をいう。

　　（b）**参加型優先株式**：配当を受けた後の残余の配当について，普通株式とともに受け取ることができる株式をいう。

　　（c）**累積的優先株式**：ある年度の配当金が所定の優先配当金額に達しない場合，その不足分が蓄積され，次年度以降の利益から蓄積分が優先的に支払われる株式をいう。

（2）劣後株式

　剰余金の配当や残余財産の分配について，優先順位の低い株式をいう。

（3）議決権制限株式

　株主総会の全部または一部の事項について議決権を行使できない株式をいう。例えば，配当優先株式を議決権制限株式とすると，議決権の行使には関心がなく，配当のみに期待する株主のニーズに応えることが可能である。

（4）譲渡制限株式

　すべての株式または一部の種類の株式について，譲渡が制限される株式をいう。

（5）取得請求権付株式

　株主がその株式について，会社に取得を請求できる株式をいう。

（6）取得条項付種類株式

　会社が一定事由の発生を条件に，株主に対して強制的に取得権を有する株式をいう。

（7）全部取得条項付種類株式

　株主総会の特別議決により，その会社がその全部を取得することができるような種類株式をいう。　**例**　100％減資による企業再生への活用

（8）拒否権付種類株式

　株主総会等の決議に対して，拒否権が認められている株式をいう。

（9）役員選任に関する種類株式

　種類株式を有する株主を構成員とする**種類株主総会**において，取締役または監査役を選任することなどができる株式をいう。

【種類株式の特殊な例】トヨタ自動車第 1 回 AA 型[3) 種類株式

　この種類株式は，他の種類株式と比べて，以下の点で顕著な違いを有する。

（1）発行価格は発行価格決定日の**普通株式の株価の 120%以上。**

（2）配当は発行価格に対して初年度から年率は，0.5% ⇒ 1.0% ⇒ 1.5% ⇒ 2.0% ⇒ 2.5%と上昇，6 年度目以降 2.5%（一定）。

（3）議決権付。

（4）普通株式へ 1：1 の**転換権付。**

図 2 － 4　トヨタ AA 型
出所：トヨタ博物館 HP。
https://www.toyota.co.jp/
Museum/collections/list/
data/0090_ToyodaModel
AAReplica.html

（5）発行価格での取得を会社に請求できる**元本保証。**

（6）残余財産の分配においては，一般債権者に劣後し，普通株主に優先する。

（7）譲渡制限あり（相続と TOB（株式等の公開買付け：Take Over Bid の略称）への応募を除く）。

（8）初回 5,000 万株，3 回目まで発行を予定（合計で総発行株数の 5％未満）。

　さて，この種類株式の発行体と投資家双方のメリットを考えてみる。

◆トヨタ自動車にとっての発行メリット

　AA 型種類株式によって，普通株で時価発行増資するよりも同じ株数に対し

3）　AA 型とは，1936 年にトヨタ自動車株式会社の前身である株式会社豊田自動織機製作所 自動車部が開発・製作したトヨタ初の生産型乗用車の車名（生産型とはライン生産を意味する）である。車体のイメージは図 2 － 4 を参照。

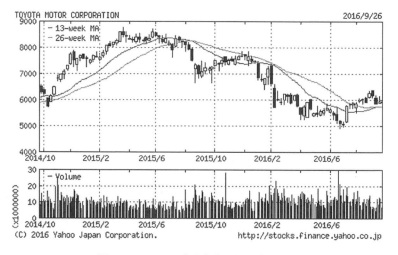

図2－5　トヨタ自動車普通株の株価推移

出所：Yahoo! JAPAN ファイナンス。

て多額の資金調達が可能となる。2015年7月2日普通株式終値8,153円に対して，発行価格10,598円なので，実際には，時価発行増資より1.3倍の資金を調達した（図2－5）。

◆投資家にとっての購入メリット

　AA型種類株式の投資家は，5事業年度目以降，普通株の株価が大きく上がれば普通株に転換すれば良い。株価が大きく変動しない場合，種類株式のまま保有し，年率2.5％の利回りを享受できる。株価が大幅に下落した場合，発行価格でトヨタ自動車に買い取ってもらうことができる。

第5節　株式発行条件の変更と資本の関係

　各種株式の発行条件の変更と資本の関係について説明する。

◆株式分割

　1株を複数の株式にわけることをいう。発行済株式数は増えるが，1株当たりの実質的価値は小さくなり，**株式の希薄化**が起こる。しかしながら，資本も資産も増えない。

◆株式無償割当

　株主に対して無償で（新たに払込みをさせないで）新株を割り当てることをいう。異なる種類の株式を割り当てることも可能な点が株式分割と異なる。

◆株式併合

　複数の株式をまとめて 1 株にすることをいう。資本減少や合併の場合に良く使われる。株主総会の特別決議が必要であるが，単元未満の株式しか保有できない株主が生じるため，投資家にとって不利になる可能性がある。

◆株式の消却

　会社の存続中に一部の株式を消滅させることをいう。実際には，自己株式を取得の上，その自己株式の消却手続を行う。

　なお，株式の発行形態による資金調達額の推移は，図 2 − 6 の通りである。

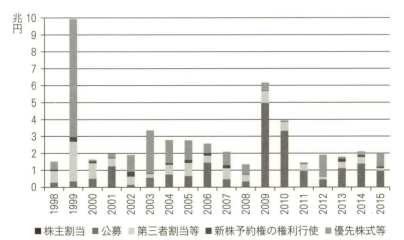

図 2 − 6　株式の発行形態による資金調達額の推移

　（注）年間の合計値ベース。
　出所：東証統計月報のデータを著者加工。

第 6 節　株式持合い

　株式持合いとは，2 社以上の企業が互いに相手の株式を所有する取引慣行をいう。持合い株式は，**政策保有目的株式**ともいう。これに対して，株式の配当

や値上がり益による利益確保を目的とする株式を**純投資目的株式**という。

　株式持合いは，戦後の財閥解体や 1960 年代の資本自由化の中で，**海外企業による敵対的買収**を避けるために始まった。1990 年代後半以降，金融再生に向けて，株式市場では，機能強化と活性化のための改革，市場整備策が進められてきた。一方，株式持合い体制の中核の銀行と生命保険会社は株式の圧縮を進めた（図 2 − 7）。

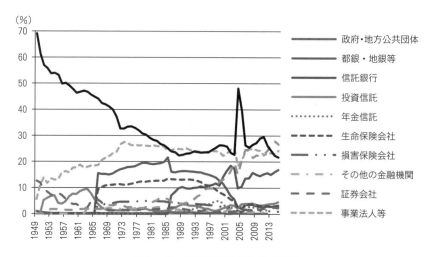

図 2 − 7　所有者別持株比率の推移

（注）　1．1985 年度以降は単位数ベース，2001 年度から単元数ベース。
　　　　2．1985 年度以前の信託銀行は，都銀・地銀等に含まれる。
　　　　3．2004 年度からジャスダック銘柄を含む。
　　　　4．2004 年度〜2006 年度における急激な増減について
　　　　　　2005 年度調査まで調査対象会社となっていた㈱ライブドア（4753）による大幅な株式分割の実施等から，2004 年度調査から単元数が大幅に増加し，㈱ライブドア 1 社の単元数が集計対象会社全体の単元数の相当数を占めることとなったため，2004 年度〜2006 年度の数値は，その影響を受け大きく増減している。
　　出所：東証統計月報のデータから著者作成。

◆コーポレートガバナンス・コード（企業統治指針）

　この指針は，金融庁と東京証券取引所により公表[4]され，2015年6月から，日本の全上場企業に適用が開始された。上場株式を政策保有する狙いや理由について投資家が納得できる説明を求め，議決権行使の基準を明確化することを求めた。適用開始後，本書発行まで2年経過したが，上場企業全体では，持合い株を否定したり，解消の方針を打ち出したりする例はまだ少ない。大多数は，取引関係強化などの理由で保有継続の意思を表明している。

◆日本の株価推移

　図2－8は日本の株価推移を表す。1989年12月29日の東証大納会で日経平均株価は，未曾有の史上最高値38,915円87銭をつけ，この日を境に株式バブルは弾け，同株価は下落の一途を辿ることになる。発行会社にとっては，発行時に払い込まれているため，株価の上下によって株主資本が上下するわけではないが，新規株式公開や増資を行う場合に市場の株価水準は影響する。

図2－8　日本の株価推移

---

4)　http://www.jpx.co.jp/equities/listing/cg/を参照されたい。

━━━━━━━━━━━━━━━━━━━━━━━ **演 習 問 題** ━━━━━━━━━━━━━━━━━━━━━━━

2.1 以下の権利について，それぞれ自益権と共益権に分けなさい。
　　　議決権　解任請求権　剰余金配当請求権　残余財産分配請求権
　　　株主総会招集請求権　取締役の違法行為差止権　株式買取請求権　株主提案権

2.2 トヨタ自動車が発行した第1回AA型種類株式について，当社にとっての発行
　　メリットと投資家にとっての購入メリットを説明しなさい。

第3章
債券による資金調達

この章では，債券による資金調達について解説する。債券の種類，発行状況，債券の仕組み，金利の決定要因などについて見ることにする。

第1節　資金調達手段としての債券

債券は，発行体である国や会社が，債券市場で投資家に債券を発行することで資金調達を行う有価証券である。投資家は，購入代金を払い込むことで債券を購入し，当該会社の債権者となる。発行体は，定期的（半年ごとあるいは1年ごと）に，投資家に利息に相当するクーポンを支払い，また，償還時（満期）には償還金を返還する。ただし，投資家（債権者）は発行体の経営に参加する権利はない。

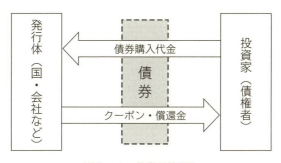

図3－1　債券の仕組み

第2節　債券の種類

まず，利払いやオプション性の有無により債券を分類する。

（1）利払いやオプション性の有無による分類

◆固定利付債（クーポン債）

クーポンがあらかじめ確定した債券をいう。債券の元本を**額面**といい，

債券から定期的に支払われる利息を額面で割った比率を**クーポンレート**という。

◆割引債（ゼロクーポン債）

　クーポンレートがゼロの固定利付債をいう。

◆変動利付債

　クーポンレートが定期的に見直される債券をいう。

◆オプション内包型債券

・**コ ー ラ ブ ル 債**：発行体が満期前に債券の償還をすることができる権利（オプション）が付与された債券

・**プ ッ タ ブ ル 債**：投資家が満期前に債券の償還を要求できる権利（オプション）が付与された債券

・**エクステンダブル債**：発行体または投資家の選択により，償還期限を延長する権利（オプション）が付与された債券

◆その他の債券

　インフレ連動債（物価上昇率＝インフレ率に応じて，元本が調整される債券），仕組債などがある。物価連動国債は，インフレ連動債の一種である。

　次に，発行体により債券を分類する。

（2）発行体による債券の分類

◆公共債

・国　債

（a）超長期国債（20年，30年，40年）

（b）変動利付国債（15年）

（c）長期国債（10年）　中心的な国債

（d）物価連動国債（10年）

　　　リーマンショック発生以降，一旦，発行が中止されたが，2013年10月より発行が再開された。再開後，欧米の物価連動国債同様にデフレ時の元本保証がつけられた。これにより，消費者物価指数が上昇する局面（インフレ時）では，インフレ分だけ上乗せして償

還されるが，逆に，消費者物価指数が下落する局面（デフレ時）では，元本が下落することになるが，100％で償還（元本保証）される。

(e) 中期国債（2 年，5 年）

(f) 国庫短期証券（2 ヵ月，3 ヵ月，6 ヵ月，1 年）

(g) 個人向け国債（3 年，5 年，10 年）

(h) ストリップス国債

　　元本部分と利札部分を分離して，別々に流通させることができる国債をいう。米国債が有名であるが，日本国債でも，平成 15 年より発行が可能となった。

・地方債

・政府関係機関債（特別債）

・地方公社債

◆民間債

・金融債[5]

(a) 割引金融債（1 年）

(b) 利付金融債（1 年〜10 年）

・社債（事業債）：「普通社債」とも呼ばれる。

(a) 一般事業債

(b) 電信電話債券

(c) 電力債

(d) 銀行債

・特定社債

　　「資産の流動化に関する法律」に規定される社債をいう。流動化の対象となる資産を特別目的会社（Special Purpose Company: SPC）に譲渡し，当該資産から発生するキャッシュ・フローを裏付けとして SPC が発行する債券である。

---

5) みずほ銀行，あおぞら銀行，新生銀行，農林中央金庫，商工組合中央金庫，および信金中央金庫の 6 機関が発行を認められている。信金中央金庫のみ，5 年もの利付金融債（リッレン）を発行（2016 年 9 月現在）。

　　　・新株予約権付社債
　　◆外国債
　　　・円建て外債（サムライ債）
　　　・ユーロ債
　　　・外貨建て債

（3）新株予約権付社債
　新株予約権付社債は，「転換社債型新株予約権付社債」と「新株予約権付社債（ワラント債)」の2種類がある。
　◆転換社債型新株予約権付社債
　　　社債権者の請求によって，株式に転換できる社債をいい，担保付と無担保のものがある。また，新株予約権を権利行使すると，社債金額の全部または一部を新株取得の払込金とし，社債は償還される仕組みである。
　◆新株予約権付社債（ワラント債）
　　　社債保有者に一定条件の下，新株を引き受ける権利（ワラント）が与えられる社債をいう。両者の共通の特徴として，**社債の株式化**の性格を持ち，一般に**エクイティ債**と呼ばれる。すなわち，「株式的」性格を社債に付与することで，利率を低く設定することが可能である。

（4）外国債
　外国債は表3−1のように分類される。外国債のネーミングは特殊であるので，覚える場合に注意を要する。

表 3 - 1　外国債の分類

区　分		通　貨 (円建て／外貨建て)	発行場所 (日本国内／海外)	発行体 (日本／外国)
円建ての外債	円建て外債 (**サムライ債**)	円建て	日本国内	外国
	ユーロ円債	円建て	海外	日本・外国
外貨建ての外債		外貨建て	主に海外 ＊日本国内の場合, **ショーグン債**	日本・外国
二重通貨建ての外債		**デュアル・カレンシー債** 払込みと利払いの通貨が同じで償還の通貨が異なるタイプ	日本国内・海外	主に外国
		リバース・デュアル・カレンシー債 払込みと償還の通貨が同じで利払いの通貨が異なるタイプ		

第 3 節　公社債発行状況

　1998 年度〜2015 年度間の公社債発行額の推移を見ると (表 3 - 2),圧倒的に国債のシェアが多く,1998 年度の 71％から 2015 年度には 88％に達した (図 3 - 2)。これに対して,社債 (＝民間債＝普通社債＋転換社債型新株予約権付社債) のシェアは,1998 年度の 8 ％から 2015 年度には 4 ％に減少し,この間の発行額は横ばいである。債券の流通市場での取引は,「取引所取引」と「店頭取引」に大別される。実体的には,取引のほとんどは国債の店頭取引であり,店頭市場の売買高は全体の 98.7％ (2011 年) を占める。

26

表 3 － 2　公社債発行額の推移（単位：10 億円）

年　度	公共債	国　債	民間債	普通社債	転換社債型新株予約権付社債	金融債
1998	100,207	95,843	11,045	10,453	214	24,474
1999	105,192	99,807	8,662	7,788	434	23,304
2000	112,852	105,392	8,262	7,637	283	21,043
2001	151,764	144,493	8,849	8,172	283	16,867
2002	157,146	147,298	8,040	7,318	205	12,023
2003	171,979	157,797	7,269	6,993	77	9,271
2004	202,531	185,101	6,273	5,895	191	7,960
2005	198,605	180,692	7,371	6,904	113	8,756
2006	184,993	170,432	7,467	6,830	495	6,730
2007	151,465	136,504	9,584	9,401	30	6,505
2008	139,123	123,867	9,936	9,605	150	5,517
2009	172,786	156,023	10,649	10,300	249	4,180
2010	177,154	160,411	10,131	9,933	78	3,777
2011	183,013	167,283	8,510	8,277	33	3,438
2012	191,568	174,957	8,381	8,152	29	3,000
2013	196,979	180,171	8,269	8,142	77	2,618
2014	191,224	176,065	8,812	8,715	37	2,499
2015	188,076	173,670	7,157	6,941	166	2,365

出所：日本証券業協会 HP のデータを著者加工。

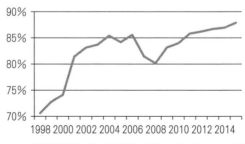

図 3 － 2　国債発行額の債券発行額全体に対する割合の推移

第 4 節　債券の仕組み

　債券を取り扱う場合，債券価格と利回りの関係について，理解しておきたい。

◆債券価格と最終利回り

　最終利回り（Yield To Maturity: YTM）とは，債券を満期まで保有した場合の利回りをいう。満期 n 年，額面 F，クーポン（年 1 回払）C の利付債の取引価格を P とする。最終利回り（年率）は，次式を満たす r として与えられる。

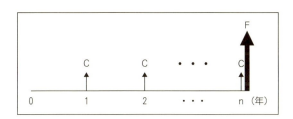

図 3 - 3　利付債のキャッシュ・フロー

$$P = \frac{C}{1+r} + \frac{C}{(1+r)^2} + \cdots + \frac{C}{(1+r)^n} + \frac{F}{(1+r)^n}$$

$$= \frac{C}{r}\left[1 - \frac{1}{(1+r)^n}\right] + \frac{F}{(1+r)^n}$$

　この式を見るとわかるように，最終利回り r が上がると，債券価格 P は下落する。すなわち，図 3 - 4 のように，債券価格と最終利回りは反比例の関係にあることがわかる。

◆債券の発行条件

　債券の発行条件は，発行体が投資家にあらかじめ約束する条件をいい，次のような項目についてあらかじめ条件設定することになる。

- ・発行額　　・クーポンレート
- ・発行価格　パ　ー　発　行：額面 100 円で発行する。

　　　　　　　アンダーパー発行：額面 100 円未満の価格で発行する。

　　　　　　　オーバーパー発行：額面 100 円より高い価格で発行する。

- ・割引発行：利息相当分をあらかじめ額面金額から差し引いて発行する。
- ・満期（償還期限）　・担保　・申込期日　・払込期日　・利払期日

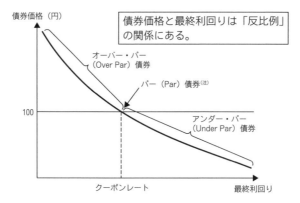

図 3 － 4　債券価格と最終利回りの関係

（注）パー（Par）債券とは，「債券価格＝額面（100 円）」
　　　「最終利回り＝クーポンレート」となる債券をいう。

第 5 節　金利の決定要因

　流通している債券の金利（流通利回り）水準は，**需給関係**と**発行体の信用リ
スク**等で決まる。資金の供給量が少ない状態で資金需要が増加すると，金利は
上昇し，資金の供給量が潤沢な状態で資金需要が減退すると，金利は低下する。
信用リスクが低い発行体ほど金利は低く，信用リスクが高い発行体ほど金利は
高くなる。また，クーポンレートは，債券発行時の資金需給によって決まる金
利水準を基準として，流通利回りをもとに得られる発行体の信用リスク等が加
味されて決定される。

◆実質金利と名目金利

　実質金利とは，物価の上昇や下落の影響を考慮に入れた金利をいう。名目金
利とは，物価の影響を考慮に入れない金利をいう。両者の間には，以下の関係
がある。

　　　１＋名目金利＝（１＋実質金利）（１＋物価上昇率）

　この関係を近似的に表すと，名目金利は実質金利と物価上昇率を合計したも
のに等しくなる。

第6節　利回り曲線（イールドカーブ）

　債券の残存年数別最終利回りの点を繋いだ曲線を利回り曲線（イールドカーブ）という（図3－5）。イールドカーブは金利環境の変化により変動する。変動パターンは，**パラレル・シフト**（平行移動），**ツイスト**（傾きの変化），および**カーベチャー**（曲率の変化）の3通りある（図3－6）。主成分分析によると，概ね，パラレル・シフト90%程度，ツイスト8〜9%程度，カーベチャー1%程度の割合となっている。

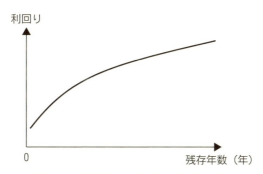

図3－5　利回り曲線（イールドカーブ）

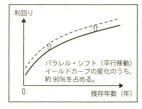 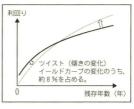 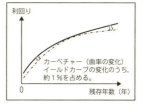

（左：パラレル・シフト，中：ツイスト，右：カーベチャー）

図3－6　利回り曲線（イールドカーブ）の変化

　図3－7は，2016年9月13日現在の日本国債のイールドカーブの変化を示したものであるが，1週間前や1ヵ月前と比べてイールドカーブがツイストの変化をしていることがわかる。

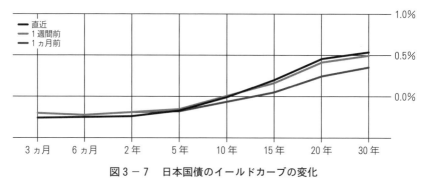

図3-7　日本国債のイールドカーブの変化

（注）3ヵ月から10年までの満期はマイナス金利（2016年9月13日現在）。

◆国債入札のマイナス利回り

　国債は入札により政府から発行される。2016年3月1日の10年債入札では，額面100円，クーポン0.1％であった。満期まで10年間保有すれば（10年間，市場金利が0.1％で一定と仮定），

$$\frac{0.001 \times 100}{0.001}\left(1 - \frac{1}{(1+0.001)^{10}}\right) + \frac{100}{(1+0.001)^{10}} = 100 \text{ 円}$$

と額面100円で償還される。このとき，民間金融機関は平均101円25銭で落札した。満期（10年後）まで保有するとしたら，保有期間利回りは，

$$\frac{0.1 + (100 - 101.25) / 10}{101.25} = -0.0247\%$$

とマイナスになることがわかる。実際には，日銀に買い取ってもらうので，途

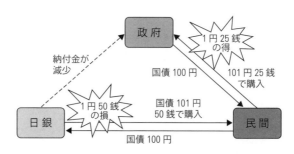

図3-8　マイナス金利の国債の入札の仕組み

中で売却される（図3 − 8）。これは，2016 年 1 月に実施された日銀の「マイナス金利付き量的・質的金融緩和」の一環である。

第 7 節　社債による資金調達

◆円貨建て社債による資金調達

　わが国では，1996 年 1 月に社債の適債基準が撤廃されるまで，社債の発行が厳しく制約されてきた。それ以前は，発行時に一定以上の信用度がないと適債基準をクリアできず，事実上，限られた優良企業しか公募で発行できなかったが，この基準廃止以降，基本的にどの企業も発行することが可能となった。

　1995 年以前は，受託銀行が実質的に保証していたため，社債がデフォルトに陥りそうになると，受託銀行が社債を買い取るという慣行があった。そのため，本邦初の公募債のデフォルトは，適債基準撤廃後の 1997 年の**ヤオハン債**（**転換社債**）のデフォルトである。

　また，近年，高格付社債を中心として，国債等の金利にスプレッドを上乗せして提示し，投資家の需要を探る**スプレッド・プラシング方式**を採用する企業も出現した。最近（2016 年第 1 四半期）の社債発行状況を見ると，日本銀行のマイナス金利政策で社債金利が大幅に低下し，発行額が急拡大し，2016 年 7 〜 9 月の発行額は 4 兆 2 千億円と，データが入手可能な 1978 年以降で最高を記録した（図3 − 9）。

図3 − 9　円貨建て社債の発行状況

◆外貨建て社債による資金調達

　一方，日本企業による外貨建て社債の発行は，近年活発化している。2016年度の発行額は 500 億ドルと前年から 45％増加し，1995 年以降で最高となった。銀行による TLAC 債（Total Loss-Absorbing Capacity：総損失吸収能力債）6）の発行があった他，事業会社が海外事業の拡大に向けて外債による資金調達を活発化している。外債発行により，海外での投資資金を現地通貨で調達し，為替リスクを軽減できるメリットがある（図 3 − 10）。

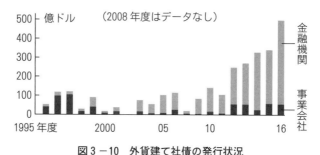

図 3 − 10　外貨建て社債の発行状況

出所：2017 年 5 月 20 日　日本経済新聞夕刊。

◆永久劣後債による資金調達

　永久劣後債とは，発行体の倒産・清算時において債務弁済順位が他の債務より低く，満期の定めがない債券を指す。①発行体が倒産した場合の残余資産の分配において，当該債務より優先する債務（銀行借入金，普通社債など）のすべてが弁済されるまで，当該債務に対する分配が行われない，②特約が付いていることにより，同じ発行体の普通債（満期のある債券）よりもクーポンが高く設定されており，投資家にとって魅力的である，③元本償還がないため，発行体にとっては自己資本充実に役立つが，配当可能利益がない場合などに金利の繰り延べが生じる可能性がある（累積的支払），などの特徴がある。

　永久劣後債の発行体は，ほとんどが銀行である。銀行の発行する永久劣後債

6）　世界の巨大銀行（Global Systemically Important Banks: G-SIBs）の破綻に備えて，当該銀行の持ち株会社が発行する社債をいう。

は，AT 1債（その他 Tier 1 債）という。永久劣後債で調達した資金は，会計上
は債券つまり負債に分類されるが，銀行経営の健全性規制であるバーゼル規制
（バーゼルⅢ）[7] では，株式に近い**その他 Tier 1 資本**として認められる。永久劣
後債は，自己資本の増強を行う銀行にとって，株式以外の自己資本増強手段と
して有効な手段となっている。欧州ではドイツ銀行の信用不安が深まり，2016
年 2 月，同行が発行する AT1 債価格が急落（利回りは急騰）したのとは対照的
に，日本では，メガバンクが発行する永久劣後債（AT1 債）は，利回りが 1 ％
以上（参考：2016 年 10 月現在，国債はマイナス金利）あるので（図 3 −11 左図），
国内投資家には人気であるが，2016 年の発行では，価格上昇のため利回りが
低下している（図 3 −11 右図）。

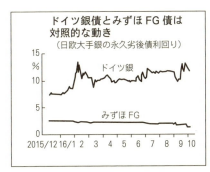
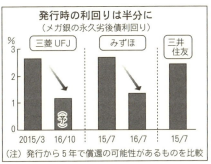

図 3 −11　永久劣後債による資金調達

出所：2016 年 10 月 8 日　日本経済新聞。

図 3 −12 は，永久劣後債が償還される仕組みを表す。本来，永久債は償還
されないが，内包されたコールオプションが行使されると，**期限前償還**される
仕組みになっている。また，信用事由（破産，会社更生，民事再生など）が発生
した場合に，当該永久劣後債に優先する債務を全額支払った後に返済される。

7）　銀行のバーゼル規制上の自己資本（会計上の自己資本とは異なる）は，Tier 1 資
　　本（＝普通株式等 Tier 1 資本＋その他 Tier 1 資本）および Tier 2 資本から構成
　　される。

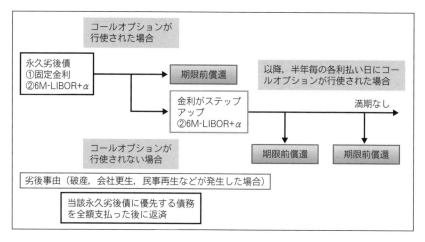

図 3－12　永久劣後債による資金調達の仕組み

━━━━━━━━━━━━━━━　演 習 問 題　━━━━━━━━━━━━━━━

3.1　以下のカッコ内に当てはまる用語を入れなさい。
　　・日本国内で外国の発行体が発行する円建て外債を（ a ）という。
　　・海外で発行される円建て外債を（ b ）という。
　　・日本国内で発行される外貨建て外債を（ c ）という。
　　・二重通貨建ての外債で，払込みと利払いの通貨が同じで償還の通貨が異なるタ
　　　イプを（ d ）という。一方，払込みと償還の通貨が同じで利払いの通貨が異
　　　なるタイプを（ e ）という。

3.2　以下のカッコ内に適当な用語を埋めなさい。
　　　わが国では，1996 年 1 月に社債の（ a ）が撤廃されるまで，社債の発行が厳
　　しく制約されてきた。1995 年以前は，受託銀行が実質的に保証していたため，
　　社債がデフォルトに陥りそうになると，受託銀行が社債を買い取るという慣行が
　　あった。そのため，本邦初の公募債のデフォルトは，（ a ）撤廃後の 1997 年の
　　（ b ）の発行した転換社債のデフォルトである。また，近年，高格付社債を中
　　心として，国債等の金利にスプレッドを上乗せして提示し，投資家の需要を探る
　　（ c ）を採用する企業も出現した。

第4章
銀行借入れによる資金調達

　この章では，銀行借入れによる資金調達について解説する。銀行借入れは，企業にとって最も一般的な資金調達手段であり，節税効果も存在する。また，近年，さまざまな融資形態が登場してきており，その概要にも触れる。

第1節　銀行借入れによる資金調達

　会社の大半は，銀行借入れによる資金調達を行う（図4-1）。株式による資金調達は株式会社でなければならないが，それ以外の会社であっても，その会社の信用力に応じて，銀行借入れが可能である。

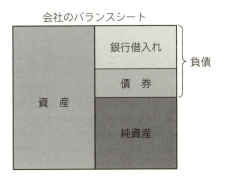

図4-1　会社のバランスシート上の銀行借入れの位置づけ

第2節　どれだけ借り入れたら良いか

　負債（銀行借入れ，社債）による資金調達を行う場合，考慮しなければならない点がいくつかある。

◆節税効果

　まず，法人税による**節税効果**（tax shield）が挙げられる。法人税は，法人税，法人住民税，事業税の3つからなる。現在，日本の実効税率は，32.11%

（外形標準課税適用事業者の場合，2016 年 4 月 1 日前の事業開始年度），29.97％（同事業者の場合，2016 年 4 月 1 日以降の事業開始年度）と減少傾向にある。

（1）節税効果

　　まず，支払利子＝借入金の収益率×借入額＝$r_D D$ となるから，法人税率を T_C とすると，毎年の節税効果は，法人税率×支払利子＝$T_C r_D D$ となる。毎年，同額の節税効果がもたらされると仮定すると，節税効果の毎年のキャッシュフローのパターンは，永久債のそれと等しくなる。

　　したがって，節税効果の現在価値は，永久債の価格公式，すなわち「永久に一定額払われるキャッシュフローの現在価値＝将来の一定のキャッシュフロー／割引率」より，次式となる。

$$節税効果の現在価値＝\frac{法人税率×支払利子}{借入金の期待収益率}＝\frac{T_C r_D D}{r_D}＝T_C D$$

（2）財務上の困難

　　次に，考慮しなければならない点は，**財務上の困難**（financial distress）である。これは，債権者との契約が不履行に陥る，あるいは履行が困難になる場合に生じる。財務上の困難の究極の形態は**倒産**である。また，財務上の困難にはコストが伴い，究極が倒産コストである。

　　倒産コストとは，企業が債務不履行に陥った場合に，債権者が代わって経営することを利害関係者に認めさせる法的メカニズムを使用するコストと定義される。倒産コストは，直接コストと間接コストに分けられる。

- 直接コスト：倒産手続きの過程で生じる諸費用，例えば，弁護士，公認会計士，管財人への手数料や報酬など。
- 間接コスト：企業が清算する場合は，資産の経済的価値以下での処分による損失，更生の場合はイメージダウンによる売上高の減少などが該当。

例　企業 U は借入金（負債）なし，企業 L は 5 ％で銀行借入れする場合，実効税率 32％として節税効果を計算する

表4－1　企業ＵとＬの節税効果の計算

	企業Ｕの損益計算書	企業Ｌの損益計算書
利払い・税引き前利益	1,000万円	1,000万円
負債保有者への支払い利子	0万円	50万円
税引き前利益	1,000万円	950万円
32％での税額	320万円	304万円
株主への純所得	680万円	646万円
負債保有者・株主双方の所得合計	0＋680＝680万円	50＋646＝696万円
支払い利子の節税効果（0.32×利子）	0万円	16万円

　計算の結果，企業Ｌは，銀行借入れにより，毎年の節税効果が16万円もたらされることになる。したがって，節税効果の現在価値は，割引率を借入れ金利5％とすると，16/0.05＝320万円となる。

◆企業価値

　節税効果と財務上の困難に伴うコストを考慮すると，企業価値は次の3つの部分に分けることが可能である。

> 企業価値＝全額株式で調達の場合の価値＋節税効果の現在価値
> ＋財務上の困難に伴うコストの現在価値

ここで，次の理論を提示する。

◆資本構成のトレードオフ理論

　資本構成のトレードオフ理論とは，節税効果と財務上の困難に伴うコストの間のトレードオフにより最適な資本構成が決定されるという理論である。この理論では，負債比率の上昇とともに法人税の節税効果が比例的に増加する一方，財務上の困難に伴うコストが逓増的に高まることが想定される（図4－2）。この結果，負債比率が低い間は，節税効果のために負債の資本コストが低下するが，負債比率がある水準を超えると，財務上の困難に伴うコストが大きく増加し，節税効果を上回り，負債の資本コストは上昇に転じる。

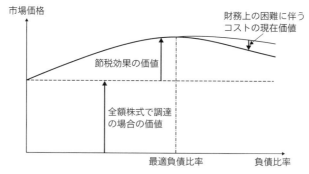

図4－2　資本構成のトレードオフ理論

　したがって，企業価値は，負債比率が低い範囲にある間は増加し，負債比率がある水準を超えると減少に転じる。資本コストを最小化し，企業価値を最大化する負債比率が**最適負債比率**（最適資本構成）となる。

第3節　銀行借入れによる資金調達の実際

　グローバル金融危機以降の企業の資金調達の実際を見ると，国では，中小企業者や住宅資金借入者に対する金融の円滑化を図るため，臨時国会（第173回国会）において，「中小企業者等に対する金融の円滑化を図るための臨時措置に関する法律」（中小企業等金融円滑化法）を制定し，平成21年12月4日に施行した。この法律は，延長に延長を重ね，平成25年3月31日まで延長された。住宅ローンの返済条件変更についても，積極的に応じることを促し，実際に，住宅ローンの貸付条件変更の実行率は90％超となった。

（1）貸出の種類

　貸出は，融資，貸付，あるいはローンとも言われ，金融機関によって使う言葉が異なるようである。貸出形態別のシェアは表4－2の通りである。

表4－2　貸出形態別シェア

手形割引	貸　付		
	手形貸付	証書貸付	当座貸越
約0.5%	約4.7%	約81.8%	約12.9%

出所：全国銀行協会「全国銀行財務諸表分析」を元に著者作成。

さて，各貸出形態は，以下の通りである。

◆手形割引

　　顧客が所有している手形を支払期日までの利息を差し引いて買い取るものをいう。

　　例　商業手形の割引。具体的な商品の裏付けがあるので，支払いの可能性が高い。日銀の再割引を受けることができる。

◆手形貸付

　　借り手が自己を差出人，銀行を受取人とする**約束手形**を振り出し，銀行がこの手形を割り引く形で実行される返済期間1年以内の貸付をいう。担保差入れや**裏書譲渡**で手形を資金化することが可能なため，金融機関のメリットも多い。ただし，近年，証書貸付に押され，減少気味である。

◆証書貸付

　　貸出において，手形ではなく**借用証書**をとるものをいう。返済期間が1年を超える貸付に使われる場合が多い。手形の徴求が困難な地方公共団体融資，回収が長期にわたり債権内容や返済方法などの明記が必要な設備資金，長期運転資金，不動産担保貸付など。

◆当座貸越

　　あらかじめ約定した**極度**の範囲内であれば，当座預金残高を超えて小切手の支払いを認めるものをいう。借入時の書類作成の手間の省力化，印紙代の節約から，手形貸付からの借入形態の移行が進んでいる。特に優良企業の利用が増加している。

（2）貸出金利

　　銀行の貸出金利の設定は，基準とする金利をもとに，貸出企業の信用度，資金使途，担保・保証の有無や内容，取引関係の密度等を考慮して，個別に相対<ruby>相対<rt>あいたい</rt></ruby>で決定される。

◆短期貸出（期間1年未満の貸出）

　　・短期プライムレート基準の貸出

　　　　銀行の総合的な資金調達コスト＋一定のスプレッドで貸出す。貸出先ごとに個別に相対で決定される。

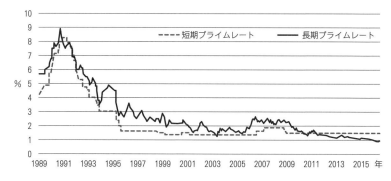

図4－3　長短プライムレートの推移

出所：日本銀行「預金・貸出関連統計」を元に著者作成。

・大企業中心にスプレッド貸出

　LIBOR (London Interbank Offered Rate)，TIBOR (Tokyo Interbank Offered Rate) 等の短期金融市場金利を基準金利として，「基準金利＋スプレッド」で貸出す。金利変動リスクを回避する。

◆長期貸出

　1991年4月，新長期プライムレート貸出が開発された。短期プライムレートを基準に貸出期間や残存期間に応じた一定のスプレッドを上乗せする金利による貸出である。金利スワップ取引を用いた短期変動金利取引と長期固定金利取引の交換等を通じた貸出金利が設定される。

◆貸出金利の水準

　1990年代以降，日銀の超低金利政策等の影響で，貸出金利の水準は大幅に低下した（図4－3）。

（3）貸出の構成

　貸出の構成を，使途別，規模別，および業種別の各構成で見ることにする。

◆貸出の使途別構成

　・設 備 資 金：大企業では，直接金融や内部資金にシフトした。一方，銀行は中小企業の設備資金需要等に対応している。国内銀行の貸出にしめる割合は，漸次上昇している。

　・住宅ローン：個人向け貸出では，住宅ローンのシェアが増加した。

◆貸出の規模別構成

　　バブル崩壊以降 1990 年代前半までは，大企業向け貸出の割合は大幅に減少したが，中小企業向け貸出の割合が大幅に増加した。それ以降は，中小企業向け貸出の割合も低下した一方，住宅ローン中心の個人向け貸出が顕著に上昇した。

◆貸出の業種別構成

　　製造業，卸・小売業からサービス業へウェイトが移る。背景として，産業構造のソフト化・サービス化，大手製造業の直接金融へのシフト，サービス業には借入需要の大きい中小企業が多い点が挙げられる。なお，2008 年度では，個人貸出のウェイトが最も多かった。

（4）新しいタイプの貸出

　近年，収益力の強化や顧客ニーズの多様化を背景として，従来とは異なる形態の貸出が取り組まれてきている。

◆コミットメントライン契約

　　銀行が企業との間であらかじめ貸出枠（**コミットメントライン**という）を設定し，枠内であれば，いつでも融資を実行する契約をいう。銀行は約定料を受領できる半面，融資実行を断ることができない。2014 年 12 月末現在，国内銀行[8]の契約額末残が 263,132 億円であるのに対して，同利用額末残が 31,770 億円で，枠使用率はわずか 12％である（出所：日本銀行公表データ）。

◆シンジケートローン

　　アレンジャーを務める銀行が企業と交渉し，融資条件を取りまとめ，複数の金融機関（これを**シンジケート団**という）が同一の条件・契約書で融資する形態をいう。アレンジャーの銀行は，企業の資金ニーズに応えながら，リスクアセット（銀行の自己資本比率規制上のリスク量をいう）の削減，組成手数料収入が期待できる。

8）　都銀，信託銀，埼玉りそな銀行，新生銀行，あおぞら銀行，地銀，第 2 地銀を含む。原則として，国内店勘定および海外店勘定の居住者向け，国内店勘定の非居住者向け（円貨のみ）が対象となっている。

◆プロジェクトファイナンス

資源開発，電力・通信など大規模なプロジェクトにおいて，事業者自身が借入れを行うのではなく，プロジェクトを遂行する PFI[9] 事業会社を設立し，この会社を事業者として独立して借入れを行う資金調達の仕組みをいう。この会社は，事業者の倒産の影響が及ぶのを避ける**倒産隔離**を確保するため，特別目的会社（SPC）の形態をとる。

資金調達の際の担保は，コーポレート・ファイナンス（債務者企業の信用力や担保資産の価値に基づいて行われる融資）とは異なり，事業から発生する収益と事業の持つ資産のみが対象となり，親会社への債務保証を求めない。これを**ノン・リコース**（non-recourse，非遡及）という。実際には，事業者が，出資金以外に何も義務を負わないことは稀であり，通常は，当該事業に何らかの財務支援を行う場合が多く，プロジェクトファイナンスは，**リミテッド・リコース**（限定遡及）となるケースが多い。一方，コーポレート・ファイナンスでは，事業者が事業リスクを全面的に負っているため，**フル・リコース**（全面遡及）と呼ばれる。

◆DIP ファイナンス（DIP は，Debtor in Possession の略）

民事再生法や会社更生法の手続に入った企業向け融資で，旧経営陣に経営を任せつつ，当該企業の再建に必要な運転資金を新たに融資することをいう。

> **例**　日本航空は，2010 年 1 月に会社更生法の適用を申請し，経営破綻した。その後，企業再生支援機構の支援の下，経営の建て直しが進められた。更生計画に基づき，日本政策投資銀行と企業再生支援機構は，日本航空に対して総額 6,000 億円の DIP ファイナンスを提供した。

◆動産・債権等担保融資（**ABL**）（ABL は，Asset Based Lending の略）

企業等の保有する動産や売掛債権等の事業収益資産（キャッシュフロー）を担保とする融資をいう。金融庁は，2005 年 3 月，「地域密着金融の機能強化の推進におけるアクションプログラム」で，担保や保証人に過度に依

9）　PFI とは，Private Finance Initiative の略。

存しない融資手法として，ABLを取り上げた。同年10月には，**動産譲渡登記制度**[10] がスタートし，動産や売掛債権等を担保にした融資が始まった。2012年6月，法改正により，銀行等の子会社の業務として，担保財産の売買の代理または媒介，所有・管理が追加された。

　ABLのメリットとして，①資金調達手法の多様化，②資産の有効活用，③不動産を保有していない企業の資金調達手段などが挙げられる。一方，デメリットとして，①風評リスク（特に売掛債権の場合），②担保評価料（特に中小企業の場合）の負担などが挙げられる。ここで，ABLのスキーム例（図4－4）と取り組み事例（表4－3）を示す。

例　ABLのスキーム例（農林漁業者の例）

Step 1：農林漁業者は，生産物（牛，豚，野菜等）などを担保として提供する。

Step 2：金融機関は担保評価を行い，貸出枠を設定する。担保評価を行う際，必要に応じて評価機関を活用する。

Step 3：農林漁業者は，貸出枠内で融資を受ける。

Step 4：農林漁業者は，契約に基づき，定期的に事業内容，担保物件の状況等を金融機関に報告する。

Step 5：金融機関は農林漁業者からの報告を元に評価替えを行い，担保額が減少するなどの場合には融資枠を調整する。

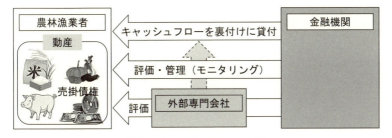

図4－4　ABLスキームの例

---

10)　法人が動産を譲渡する際に，その動産の譲渡を動産譲渡登記ファイルに記録する制度をいう。譲渡を登記した動産は，民法上の引き渡しがなされたものとみなされ，譲受人は動産に対する第3者への対抗要件を備えることができる。

表 4 – 3　ABL の取り組み事例

融資時期	金融機関	融資先	担　保	融資金額
2006.9	商工組合中央金庫・北洋銀行	㈲余湖農園	野菜と売掛債権（動産譲渡登記）	リボルビング型貸付：［極度額］商工中金 1,000 万円，北洋銀行 3,000 万円
2007.9	三菱東京 UFJ銀行	土佐鰹水産㈱	冷凍倉庫内の在庫（カツオ，マグロ等）（動産譲渡登記）	当座貸越：［極度額］5 億円
2007.11	商工組合中央金庫	立山酒造㈱	本社工場敷地内の在庫（酒造原料米，仕掛品および製品）（動産譲渡登記），「立山」の商標権	2 億円
2007.7	京都信用金庫	亀岡牛生産㈱	在庫（肉用牛）（動産譲渡登記）	8 億 4,000 万円

出所：各金融機関公表資料を元に著者作成。

第 4 節　中小企業の資金調達

中小企業の資金調達について解説する。ここで，中小企業の定義は，表 4 – 4 の通りである（中小企業基本法第 2 条）。

表 4 – 4　中小企業の定義

業　種	事務所ベースの制約
製造業，建設業，運輸業その他の業種	資本金 3 億円以下または常用雇用者 300 人以下
卸売業	資本金 1 億円以下または常用雇用者 100 人以下
小売業	資本金 5 千万円以下または常用雇用者 50 人以下
サービス業	資本金 5 千万円以下または常用雇用者 100 人以下

◆中小企業のシェア（2014 年度）

事業所数では，全企業（約 381 万）の 99.7％（2012 年から 2014 年までの 2 年間で約 4 万減少），従業員数（常用雇用者数，いわゆる正社員）では，全従業員の 65.2％（約 2,647 万人）である（出所：中小企業白書）。

◆中小企業の資金調達の特徴

中小企業は，株式公開や公募債発行が困難であるため，大企業と比べ，企業間信用[11]や金融機関からの借入れに大きく依存している。また，自己資本比

---

11)　企業間の商品販売に伴う代金支払いを，すぐに現金で清算せず，ある一定期間の猶予をおいて行うことにより生じる債権・債務の関係をいう。売掛金，買掛金，受取手形，および支払手形などの債権・債務が発生する。

率は大企業と比べて，かなり低い水準にある。中小企業の金融機関からの借入れは，担保・保証付きが中心である。

◆民間金融機関の中小企業向け貸出

　信用金庫・信用組合は，中小企業向け金融を専門とする。各業法で貸出対象が原則として会員や組合員に限定されている。一方，1980 年代後半，都銀，長信銀，信託等が，中小企業向けの貸出を増加してきた。また，1990 年以降，中小企業の買入需要は低迷し，同時に貸出審査基準も厳格化した。

　最近の動向として，民間金融機関は中小企業に対して，財務改善アドバイスを強化してきている。また，自動審査モデルによる中小企業向け無担保融資を行う金融機関が出てきた（従来は，有担保が基本である）。

　中小企業向け貸出シェア（2010 年度末）は，国内銀行約 7 割，信用金庫・信用組合約 2 割，政府系金融機関約 1 割であり，全体で見れば，信用金庫・信用組合のシェアはさして大きいとはいえない。

　バブル崩壊後，中小企業の財務内容が悪化し，民間金融機関の貸出姿勢が慎重化した。いわゆる**貸し渋り**や**貸し剥がし**が横行した。ここで，貸し渋りとは，企業の財務や経営状況の良し悪しに関係なく，金融機関が新規融資や継続融資を渋る状態をいう。また，貸し剥がしとは，融資先企業が契約の約定通りに債務履行しているにもかかわらず，約定期間中に，金融機関から追加担保や融資の返済を迫られる状態をいう。

　こうした中，中小企業金融を補完する制度がいくつか整備されている。

◆民間金融機関による中小企業金融を補完する 2 つの制度

（1）政府系中小企業金融機関

　　（a）日本政策金融公庫（略称：日本公庫）

　　（b）商工組合中央金庫（略称：商工中金）

（2）**信用補完制度**：以下の 2 つの制度をあわせた制度

　　（a）**信用保証制度**

　　　　信用保証協会（全国に 52 あり）が民間金融機関の融資に対して公的な債務保証を行う制度をいう。

（b）**信用保険制度**

　　　　この信用保証制度上の債務保証に対して，日本公庫が再保険を
　　　付与する制度をいう。

◆株式店頭市場の改革，新興企業向け株式市場の創設，**特定社債保証制度**（中
　小企業の私募債に保証協会の保証を付ける）の創設

　中小企業には，情報の非対称性の問題がある。また，中小企業が資本市場に
アクセスするには限界がある。

演 習 問 題

4.1　法人税率が30%のとき，ある会社が借入れ金利3%で1億円を借り入れている
　　場合，節税効果の現在価値はいくらになるか。

4.2　以下のカッコ内に適当な用語を埋めなさい。ただし，同じアルファベットのカッ
　　コには，同じ用語が入る。
　　（a）のトレードオフ理論とは，（b）と（c）の間のトレードオフにより最
　　適な（a）が決定されるという理論である。

4.3　以下の各文は，近年登場した新しいタイプの貸出について説明したものである。
　　各文中に当てはまる最適な語句を解答しなさい。
　　・（a）契約とは，銀行と企業との間であらかじめ貸出枠すなわち（a）を設
　　　定し，枠内であれば，いつでも融資を実行する契約をいう。銀行は約定料を受
　　　領できる半面，融資実行を断ることができない。
　　・（b）ローンとは，（c）を務める銀行が企業と交渉し，融資条件を取りまと
　　　め，複数の金融機関すなわち（b）団が同一の条件・契約書で融資する形態
　　　をいう。
　　・資源開発，電力・通信など大規模なプロジェクトにおいて，返済原資を当該プ
　　　ロジェクトに限る貸出を（d）という。
　　・（e）とは，民事再生法や会社更生法の手続に入った企業向け融資で，旧経営
　　　陣に経営を任せつつ，当該企業の再建に必要な運転資金を新たに融資すること
　　　をいう。
　　・（f）とは，企業等の保有する動産・債権等の事業収益資産（キャッシュフロー）
　　　を担保とする融資をいう。

第5章
投融資のための信用格付

　この章では，投融資する際に発行体企業および投融資を行う投資家・銀行の双方にとって必要とされる信用格付について解説する。企業が社債の発行や銀行借入れで資金調達を行う場合，その可否は企業の信用力にかかっており，それに応じて資金調達コストも変わってくる。立場を変えると，社債投資家や銀行は，発行体企業の信用力を表す信用格付によって，投融資の判断を行う。

第1節　信用格付

　信用格付とは，企業の信用力を一定の方法で評価した際につけるアルファベットや数字による記号をいう。信用格付には，それを付与する立場の金融機関から見て，次の2種類が存在する。

◆内部格付

　金融機関が金融工学等の手法を駆使して独自に付与する格付をいう。金融機関は，格付分類をディスクロージャーで開示するものの，手法等の中身については開示していない。

◆外部格付

　特定の企業と独立した関係にある格付会社が付与する格付をいう。格付会社は，当初，国債や社債の投資判断のための信用格付を行っていたが，現在では，企業自体の格付も行っている。日本の企業を格付している格付会社は，以下の通りである。

（1）R&I（格付投資情報センター）

（2）JCR（日本格付研究所）

（3）Standard & Poor's（スタンダード＆プアーズ・レーティング・ジャパンKK）

（4）Moody's（ムーディーズ・ジャパンKKとムーディーズSFジャパンKK）

（5）Fitch Ratings（フィッチ・レーティングス・ジャパンKK）

第2節　信用格付の付与

　金融機関や格付機関が，信用格付を企業に付けることを，「格付を付与する」という。格付付与のイメージは，図5－1の通りである。金融機関は，融資経験の豊富な審査役という立場の人がおり，また，格付機関には，格付アナリストという格付を付与する立場の専門家がいる。彼らは，審査対象の企業の財務諸表などの数値を元に，企業の信用力を分析する仕事を行っている。その際，審査役が準拠する仕組みが信用格付制度という枠組みであり，同様の枠組みは，格付会社にも存在する。信用格付制度で，「定量的に」信用格付の付与を行う部分は，信用格付モデルという数理統計モデルが担っている。

　審査役や格付アナリストは，信用格付モデルで計算される企業ごとの信用スコア（一般には，100点満点の得点）に基づいて，定性的な調整を行った上で，その企業の信用力を何段階かのクラスに分類する（図5－1では4段階）。A，Bあるいは Cクラスに分類されると，その企業の信用力に応じて，金融機関は

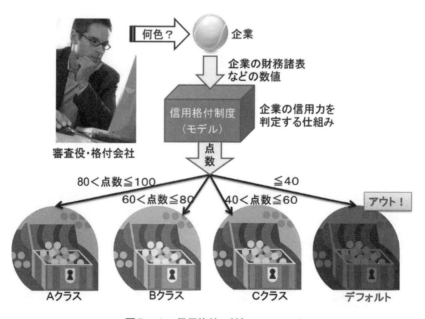

図5－1　信用格付の付与のイメージ

投融資を行うことが可能であるが，デフォルトと判定された企業には，投融資することはできないことになる。

第3節　信用格付の等級

　信用格付は，等級によってランク分けされている。まず，日系格付機関である投資情報格付センター（R&I）と日本格付研究所（JCR）の信用格付の等級は，表5－1の通りである。最上位のAAA（トリプルエーと呼ぶ）からBBB（トリプルビーと呼ぶ）までは，**投資適格格付**といい，社債や発行体の債務不履行（デフォルト）リスクが低く，信用リスクが低い。これに対して，BB（ダブルビー）以下は，**投機的格付**といい，信用リスクが高い。

　R&IはAAからCCCまで，＋あるいは－の記号を付し，3段階に細分化しており，これを**ノッチ調整**という。例えば，AAは，上位の格付であるAA＋（ダブルエープラスと呼ぶ），中位の格付であるAA（ダブルエーフラットと呼ぶ），および下位の格付であるAA－（ダブルエーマイナスと呼ぶ）の3つの区分に細分化されている。

　同様に，外資系格付機関の信用格付の等級は表5－2の通りである。日系格付機関と比べて，Fitch RatingsやMoody'sは，デフォルト相当の格付が細分化されている。ノッチ調整については，Fitch RatingsはAAからCCCまでノッチ調整（＋，－）があり，Moody'sはAaからCaaまでノッチ調整1，2，3（1：高い，3：低い）があり，また，S&PはAAからCCCまでノッチ調整（＋，－）がある。

◆格付会社間の格付調整

　格付会社5社の信用格付には，格付の格差すなわち格付機関による格付の甘辛が存在することは，格付を利用する金融機関等の間では，周知の事実とされている。実際に，どの程度の格差が存在するか，検証したのが表5－3である。表5－3は，米系格付機関2社のうち，低位の格付を縦軸にとって，日系格付機関2社のうち高位の格付を横軸にとって，その該当社数をマッピングしたものである。平均すると，

表 5 − 1　日系格付機関の信用格付の等級

R&I（発行体格付）		JCR（長期発行体格付）	
AAA	信用力は最も高く，多くの優れた要素がある。	AAA	債務履行の確実性が最も高い。
AA	信用力は極めて高く，優れた要素がある。	AA	債務履行の確実性は非常に高い。
A	信用力は高く，部分的に優れた要素がある。	A	債務履行の確実性は高い。
BBB	信用力は十分であるが，将来環境が大きく変化する場合，注意すべき要素がある。	BBB	債務履行の確実性は認められるが，上位等級に比べて，将来債務履行の確実性が低下する可能性がある。
BB	信用力は当面問題ないが，将来環境が変化する場合，十分注意すべき要素がある。	BB	債務履行に当面問題はないが，将来まで確実であるとは言えない。
B	信用力に問題があり，絶えず注意すべき要素がある。	B	債務履行の確実性に乏しく，懸念される要素がある。
CCC	信用力に重大な問題があり，金融債務が不履行に陥る懸念が強い。	CCC	現在においても不安な要素があり，債務不履行に陥る危険性がある。
CC	発行体のすべての金融債務が不履行に陥る懸念が強い。	CC	債務不履行に陥る危険性が高い。
		C	債務不履行に陥る危険性が極めて高い。
D	発行体のすべての金融債務が不履行に陥っていると R&I が判断する格付。	LD	一部の債務について約定どおりの債務履行を行っていないが，その他の債務については約定どおりの債務履行を行っていると JCR が判断している。
		D	実質的にすべての金融債務が債務不履行に陥っていると JCR が判断している。

（注）R&I は AA から CCC までノッチ調整（＋，−）があり，JCR は AA から B
　　　までノッチ調整（＋，−）がある。
出所：R&I，および JCR の各社 HP。

JCR＞（1ノッチ）＞R&I＞（2ノッチ）＞S&P/Moody's

の関係となっている。すなわち，日系格付機関の付与する格付は，米系格付機
関のそれに比べて，2ノッチ（R&I）あるいは3ノッチ（JCR）甘い格付とな
っている。また，同じ日系格付機関の2社で見ると，JCR の格付は，R&I の
それよりも平均1ノッチ甘い格付となっている。このため，金融機関では，格
付機関の格付を参照する場合，格付機関間の格付格差の調整を行っている。表

表 5 － 2　外資系格付機関の信用格付の等級

Fitch Ratings		Moody's		S&P	
AAA	信用力が極めて高い	Aaa	信用リスクが最小	AAA	信用力が極めて高い
AA	信用力が非常に高い	Aa	信用リスクが極めて小さい	AA	信用力が非常に高い
A	信用力が高い	A	信用リスクが低い	A	信用力が高い
BBB	信用力は適切	Baa	信用リスクが適度である	BBB	信用力は適切
BB	投機的要素がある	Ba	信用リスクが相当ある	BB	脆弱性が少ない
B	投機的要素が大きい	B	信用リスクが高い	B	やや脆弱である
CCC, CC, C	投機的要素が非常に大きい	Caa	信用リスクが非常に高い	CCC	脆弱である
		Ca	非常に投機的	CC	脆弱性が高い
DDD, DD, D	デフォルト	C	デフォルト	R	規制当局の監督下にある
				SD	金融債務の少なくとも一部（格付けの有無を問わない）がデフォルト
				D	デフォルト

（注）Fitch Ratings は AA から CCC までノッチ調整（＋，－）があり，Moody's は Aa から Caa までノッチ調整 1，2，3（1：高い，3：低い）があり，また，S&P は AA から CCC までノッチ調整（＋，－）がある。
出所：Fitch Ratings, Moody's，および S&P の各社 HP。

5 － 4 は，格付機関の長期債務格付を調整した例である。

さて，格付機関が付与した格付の例を見る。表 5 － 5 は，S&P, Moody's, および R&I の 3 社が国（ソブリン）と企業に付与した自国通貨建の発行体格付の例である。欧米の先進国やシンガポールがトリプル A であるのに対して，日本の格付は，一番高い R&I で AA＋，S&P, Moody's に至っては，A＋と上から数えて 5 番目となっている。これに対して，企業を見ると，日本の企業の中で一番格付が高いのは，トヨタ自動車であり，日本の格付以上に高い格付が付与されている。その他，格付が高い企業は，三菱東京 UFJ 銀行や三井住友銀行などの金融機関である。

表 5 － 3　日米格付機関による格付格差

日系格付機関 2 社のうち高位の格付

	AAA	AA+	AA	AA-	A+	A	A-	BBB+	BBB	BBB-	BB+	BB	BB-	B+	B	B-	CCC+
AAA																	
AA+																	
AA	15	3	1														
AA-	2	3	4	3	1	1											
A+		1	5	14	1												
A			6	3	8	7	2	1									
A-			2	4	1	1		1									
BBB+			1		2	5	3	1									
BBB								3	1	1							
BBB-									1		1						
BB+						1	1										
BB																	
BB-																	
B+												1	1				
B																	
B-																	
CCC+																	1
CCC																	
CCC-																	
CC																	
C																	
D																	

（左縦軸）米系格付機関 2 社のうち低位の格付

出所：菅野正泰『リスクマネジメント』149 頁の表 5.4。

表 5 － 4　日米格差を修正した格付定義リスト

S&P	Moody's	R&I ／ JCR
AAA〜AA －	Aaa〜Aa3	AAA
A＋〜A －	A1〜A3	AA ＋〜AA －
BBB＋〜BBB －	Baa1〜Baa3	A ＋〜A －
BB＋〜BB －	Ba1〜Ba3	BBB ＋〜BBB －
B＋〜B －	B1〜B3	BB ＋〜BB －
CCC ＋〜	Caa1〜	B ＋〜

出所：菅野正泰『リスクマネジメント』150 頁の表 5.5。

表 5 − 5　格付機関による発行体格付（自国通貨建）

2015 年 10 月 1 日現在

信用格付	S&P	Moody's	R&I
AAA	オーストラリア, カナダ, デンマーク, フィンランド, ドイツ, 香港, ノルウェー, シンガポール, スウェーデン, スイス, イギリス	アメリカ, オーストラリア, オーストリア, カナダ, デンマーク, フィンランド, ドイツ, ルクセンブルク, オランダ, ノルウェー, シンガポール, スウェーデン, スイス, イギリス	アメリカ, イギリス, オーストラリア, オランダ, シンガポール, デンマーク, ドイツ, フィンランド, フランス
AA＋	アメリカ, オーストリア, フランス	フランス, 香港	日本, 香港, トヨタ自動車, NTT ドコモ, 東京海上
AA	ベルギー		
AA−	中国, 韓国, トヨタ自動車	韓国, 中国, ベルギー, トヨタ自動車, 三菱東京 UFJ 銀行, 三井住友銀行	武田薬品工業, みずほ銀行, 三菱東京 UFJ 銀行, 千葉銀行, 横浜銀行, 常陽銀行, 三井住友海上, 損害保険ジャパン日本興亜
A＋	日本 (2015 年 9 月 15 日)	日本 (2014 年 12 月 1 日), 千葉銀行, みずほ CB, みずほ銀行, 三井住友海上	中国, 韓国, 三井住友銀行, 三菱 UFJFG, みずほ FG, 日産自動車
A			イタリア, 東京急行電鉄, 富士通, パナソニック
A−	日産自動車	富士通, 日産自動車	アイルランド, 鹿島建設
BBB＋	アイルランド, イタリア, パナソニック		マツダ, 雪印メグミルク
BBB		イタリア, 日本電気	アコム, スペイン
BBB−	スペイン, ソニー	スペイン, パナソニック	
BB＋		アイルランド, ソニー	ポルトガル
BB	ポルトガル		
BB−		ポルトガル	朝日生命保険
B＋			
B			アイフル
B−	シャープ		
CCC	ギリシャ		
CC			ギリシャ
C		ギリシャ	
D			

出所　S&P, Moody's, および R&I の各社 HP を参照して著者作成。

第4節　信用格付制度

　銀行は融資を行う際，取引先の企業内容，返済能力等を審査した上で融資を実行する。銀行融資の一形態である**プロパー融資**[12] では，信用補完として，担保（物的担保）や保証（人的担保）を徴求する。また，最近のリスク管理の傾向として，融資リスクの管理を強化している。そのため，信用格付制度の整備や信用リスクの計量化を実施する銀行が増加している。

　信用格付制度とは，借り手企業（**債務者格付**を付与）もしくは個別与信案件（**案件格付**を付与）について，信用リスクの程度に応じて何段階かに分類し，その分類に基づいて与信運営・管理を行う制度をいう。近年，銀行では，バーゼル規制（バーゼルⅡからバーゼルⅢ）の実施に伴い，内部格付制度を導入する先が増えている。

◆格付の付与

　借り手企業の財務データ等により必要な調整を加え，最終の格付を付与する。多くの銀行は 10〜15 程度の格付区分で分類を実施している。

◆信用格付制度整備のメリット

　以下の事項を挙げることができる。

- ・内部信用格付という統一的な尺度で借り手の信用力の把握が可能。
- ・信用リスクの計量化，与信ポートフォリオのリスク管理が可能。
- ・信用リスクに応じた融資金利の適切な設定が可能。

ここで，信用格付制度を導入するためには，取引先企業の財務データや倒産確率等の情報が必要となる。しかしながら，中小企業のそうした情報を入手するためには，データベースの整備が必要である。銀行が単体で整備することは困難であり，協会等が主導する形態がとられている。代表例は以下の通りである。

- ・全国地方銀行協会の CRITS（信用リスク情報統合システム）
- ・民間会社の RDB（日本リスク・データバンク）
- ・保証協会関連の CRD（中小企業信用リスク情報データベース）

---

12)　その他に，信用保証協会の保証付き融資（制度融資）がある。保証付き融資とは，信用保証協会に保証人になってもらい受ける融資を指す。

第5節　自己査定

　自己査定とは，金融機関が保有している融資金，有価証券，外国為替，支払承諾などの資産について，金融機関自身が検討・分析し，デフォルトリスクなどから損失となる可能性を，分類・区分することをいう。これによって，適切に**償却・引当**を実施して適正な財務諸表が作成されるため，正確な**自己資本比率**が算出される（図5－2）。ここで，償却とは，取引先の経営状態の悪化により融資金等が回収不能に陥った場合に，貸倒れとして損失処理を行うことをいう。引当とは，将来の回収不能による損失に備えて，貸倒れ見込額を事前に損失処理することをいう。

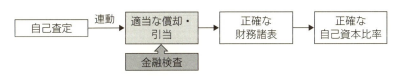

図5－2　自己査定の流れ

　金融庁（本庁あるいは地方財務局）が行う自己査定に関する検査は，償却・引当を行うための準備作業である自己査定が合理的なものであるかどうか，また，自己査定結果が金融機関の資産内容を適切に反映したものとなっているかを検証する目的を持つ。

　ここで，自己査定の債務者区分[13]の内容は表5－6の通りである。要管理先とは，要注意先の債務者のうち，3ヵ月以上，元本返済または利息の支払いが延滞している先や，金利の減免・返済条件の緩和などを受けている先をいう。要管理先に区分されると，引当金の負担が要注意先と比べてはるかに重くなるため，金融機関は金利を引き上げたり，新たな担保等を要求したり，追加の融資を断ったりするようになる。

　また，破綻懸念先とは，現状，経営破綻の状況にはないが，経営難の状態に

---

13)　金融機関では，次のような略称が使われる。要管理先：ヨウカン，破綻懸念先：ハケ，実質破綻先：ジッパ，破綻先：ハタン。

表 5 － 6　自己査定の債務者区分

債務者区分	内　容
正常先	業況が良好であり，かつ，財務内容にも特段の問題がないと認められる先
要注意先	・元本の返済猶予など，貸出条件に問題のある先 ・元本返済もしくは利息の支払いが事実上延滞しているなど履行状況に問題のある先 ・赤字決算等で業況が低調ないし不安定など財務内容に問題のある先
（要管理先）	要注意先の債務者のうち，3か月以上延滞したり，金利減免などの条件緩和を行った先
破綻懸念先	現状，経営破綻の状況にはないが，経営難の状態にあり，今後経営破綻に陥る可能性が大きいと認められるが，実質破綻には至っていない先
実質破綻先	法的，形式的な経営破綻の事実は発生していないものの，深刻な経営難の状態にあり，再建の見込みが立たない状況にあると認められるなど，実質的に経営破綻に陥っている先
破綻先	破産，清算，会社更生，民事再生，手形交換所における取引停止処分等の事由により経営破綻に陥っている先

あり，今後，経営破綻に陥る可能性が大きいと認められるが，実質破綻には至っていない先をいう。破綻懸念先に区分されると，多額の貸倒引当金の計上が必要となって採算が悪化するため，金融機関は新たな担保等を要求したり，融資金の回収を図ることになる。

◆内部信用格付の体系

　信用格付制度を構築している銀行では，内部信用格付（債務者格付）の体系を整備している。表 5 － 7 は，大手銀行 X 行の債務者格付体系を表す。自己査定における債務者区分と内部リスク管理上のデフォルト区分を併記する。表5 － 7 を見るとわかるように，格付区分は 10 区分あり，細区分で見ると，20区分を超える。また，自己査定における要管理先以下の区分は，銀行内部の信用リスク管理上はデフォルト先として扱われることがわかる。

表 5 － 7　内部信用格付（債務者格付）の例

格付	細区分	自己査定債務者区分	内部リスク管理上のデフォルト区分
1	A, B, C	正常先	非デフォルト先
2	A, B, C		
3	A, B, C		
4	A, B, C		
5	A, B, C		
6			
7	A	要注意先 A	
	B	要注意先 B	
		要管理先	デフォルト先
8		破綻懸念先	
9		実質破綻先	
10		破綻先	

出所：大手銀行 X 行のディスクロージャー誌ほかを元に著者作成。

━━━━━━━━━━━━ 演 習 問 題 ━━━━━━━━━━━━

5.1　以下のカッコ内に当てはまる用語を入れなさい。
　　　信用格付は，（ a ）によってランク分けされている。最上位のトリプルエーからトリプルビーまでは，（ b ）格付といい，社債や発行体の（ c ）リスクが低く，信用リスクが低い。これに対して，ダブルビー以下は，（ d ）格付といい，信用リスクが高い。

5.2　表 5 － 5 を参照して，2015 年 10 月 1 日現在，S&P，Moody's ともに日本の発行体格付より高い日本企業 1 社を挙げなさい。

5.3　日本の大手電機メーカー A 社の取引先銀行 B 社は，2017 年 3 月期の決算に対して，A 社への融資の自己査定債務者区分を要管理先に格下げした。この格下げによる B 社の想定される融資姿勢について答えなさい。

第 6 章
信用格付に基づく信用リスク評価

　この章では，社債やローンなど信用リスクを含む金融商品の信用リスク評価を行う際に必要となる，信用リスクを反映した信用格付別イールドカーブの作成や，信用格付を評価するための信用格付モデルについて検討する。

第1節　信用格付別イールドカーブの作成

　最初に，信用格付別イールドの入手方法を検討する。

例　信用格付別のイールドカーブを取得する

　例えば，次の日本証券業協会の HP から入手する方法が考えられる。

http://market.jsda.or.jp/html/saiken/kehai/downloadInput.php

　この HP でデータ種別「格付マトリックス」⇒ 日付 ⇒ データ形式「CSV」と指定して，最後にダウンロードボタンを押すことで簡単に入手することが可能である。結果，当協会の HP より，表6－1のような CSV データをダウンロードすることが可能である。このデータを元に格付会社別に残存年別の複利をつなげたイールドカーブを作成すると，図6－1のようなカーブが得られる。

表6－1　ダウンロードされる CSV ファイルのレイアウト

格付会社コード	格付会社名	残存年	OCCURS 10			
			格付記号	複利	標準偏差	銘柄数
9(3)	X(40)	9(2)	X(6)	-ZZ9.9ZZ	Z9.9ZZ	ZZZZ9
1	格付投資情報センター	1	AA	0	0.058	163
1	格付投資情報センター	2	AA	0.013	0.042	80
1	格付投資情報センター	3	AA	0.043	0.059	74
1	格付投資情報センター	4	AA	0.057	0.046	60
1	格付投資情報センター	5	AA	0.087	0.048	41
1	格付投資情報センター	6	AA	0.107	0.071	42
1	格付投資情報センター	7	AA	0.112	0.068	26
1	格付投資情報センター	8	AA	0.134	0.061	19
1	格付投資情報センター	9	AA	0.19	0.085	29
1	格付投資情報センター	10	AA	0.281	0.071	14
1	格付投資情報センター	11	AA	0.316	0.086	11
1	格付投資情報センター	12	AA	0.32	0.112	9
1	格付投資情報センター	13	AA	0.37	0.078	11
1	格付投資情報センター	14	AA	0.438	0.105	9
1	格付投資情報センター	15	AA	0.46	0.082	11
1	格付投資情報センター	16	AA	0.534	0.097	14
1	格付投資情報センター	17	AA	0.52	0.021	10
1	格付投資情報センター	18	AA	0.573	0.022	11
1	格付投資情報センター	19	AA	0.675	0.133	15
1	格付投資情報センター	20	AA	0.843	0.135	22
3	日本格付研究所	1	AA	0.026	0.069	209
3	日本格付研究所	2	AA	0.038	0.045	99
3	日本格付研究所	3	AA	0.085	0.06	86
3	日本格付研究所	4	AA	0.109	0.059	76
3	日本格付研究所	5	AA	0.152	0.08	37
3	日本格付研究所	6	AA	0.151	0.067	37
3	日本格付研究所	7	AA	0.239	0.097	37
3	日本格付研究所	8	AA	0.312	0.114	39
3	日本格付研究所	9	AA	0.342	0.097	47
3	日本格付研究所	10	AA	0.414	0.142	10
3	日本格付研究所	11	AA	0.481	0.139	5
3	日本格付研究所	12	AA	0.526	0.081	3
3	日本格付研究所	13	AA	0.541	0.075	9
3	日本格付研究所	14	AA	0.623	0.156	8
3	日本格付研究所	15	AA			
3	日本格付研究所	16	AA	0.671	0.06	3
3	日本格付研究所	17	AA			
3	日本格付研究所	18	AA			

（注）一部のみ掲載。

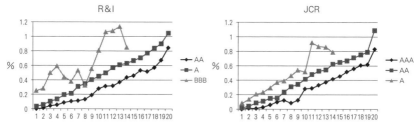

図6-1　格付会社（R&I, JCR）別イールドカーブ

例　以下の条件の社債の理論価値を評価する

信用格付	残存期間	クーポンレート	額　面
A 格	5 年	年率 6 ％	100 円

　割引率として，最終利回りではなく，各残存年の A 格のイールド（表6-2）を使う。このとき，上記社債を1単位購入した場合の理論価値は，次のようになる。

表6-2　残存年別のイールドカーブ

（単位：％）

残存年	AA	A	BBB
1	0	0.035	0.252
2	0.013	0.06	0.285
3	0.043	0.107	0.502
4	0.057	0.136	0.593
5	0.087	0.198	0.443

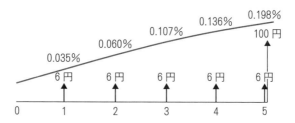

図6-4　残存年別の A 格イールドカーブと社債のキャッシュフロー

$$\frac{6}{1.00035^1}+\frac{6}{1.00060^2}+\frac{6}{1.00107^3}+\frac{6}{1.00136^4}+\frac{106}{1.00198^5}=128.90 \text{ 円}$$

第2節　信用格付モデル

　信用格付モデルとは，金融機関が信用格付制度を運営する際に，借り手企業の信用リスクを評価するために使用する計算式をいう。信用格付モデルに使用されるデータは，現在ではさまざまなものが考案されているが，主に，財務諸表（貸借対照表，損益計算書，キャッシュ・フロー計算書）の数値の組み合わせとして計算される，企業の財務指標が使用されている。

（1）財務指標

　最初に，財務指標の例を考える。一般的な財務指標の分類方法に従うと，表6－3のように，財務指標は，会社の規模を表す指標，会社の財務上の安全性を表す指標，会社の収益性を表す指標，およびその他の指標に分類することが可能である。

表6－3　財務指標の例

規模指標	自己資本額，純資産額，EBITDA
安全性指標	自己資本比率，営業キャッシュ・フロー比率，デット・キャパシティ・レシオ，固定長期適合比率，当座比率，流動比率
収益性指標	売上高経常利益率，総資本利払い後事業利益率，インタレスト・カバレッジ・レシオ，総資本経常利益率，売上債権回転期間
その他指標	増収率，増益率

ここで，代表的な指標について説明する。

◆EBITDA＝税引き前利益＋特別損益＋支払利息＋減価償却費

　この指標は，総資本（＝他人資本＋自己資本）に対して，どの程度キャッシュフローを生み出したかを簡易的に示す。規模を表す指標であり，年度の金額のぶれを平準化するため，3年程度の平均値を使用するのが一般的である。

◆デット・キャパシティ・レシオ

$$=\frac{有利子負債}{現預金＋有価証券＋投資有価証券＋有形固定資産}$$

この指標は，銀行融資などの資金調達余力を示す。分母の4資産はキャパシティ資産といい，銀行融資で担保になりうる資産を示す。デット・キャパシティ・レシオ＜100％の場合，銀行融資の担保となりうる資産が余っていることになり，また，デット・キャパシティ・レシオ≧100％の場合，担保となりうる資産以上の借入金がすでにあり，資金調達余力が低いことを示す。

◆当座比率＝$\dfrac{当座資産（現預金，受取手形，売掛金，有価証券など）}{流動負債}$

この指標は，企業の短期支払能力を判断する。この比率が高いほど短期的な支払能力が大きいといえる。分子の当座資産に対比される流動資産には，現金化に時間を要する在庫が含まれているため，当座資産を利用することで支払能力を厳格に見ることが可能である。なお，当座比率≧100％であることが安全性の目安となる。

◆流動比率＝$\dfrac{流動資産}{流動負債}$

この指標は，流動負債（1年以内に返済すべき負債）を流動資産（短期間で換金可能な資産）がどの程度カバーしているかを示す指標である。流動比率≦100％のとき，短期的な支払のために，資本や長期負債が使用されている。また，流動比率≧200％が安全性の目安となる。

◆総資本経常利益率＝$\dfrac{経常利益}{総資本（＝自己資本＋他人資本）}$

ROA（Return on Asset）とも呼ばれる。企業の総合的な収益力を表す指標である。

（2）信用格付モデル

次に，信用格付モデルについて見る。信用格付モデルの多くは，統計モデルで構築されており，その代表例として，2項ロジスティック回帰モデルについ

て解説する。このモデルは，企業の財務指標やその合成指標などの説明変数を，ロジスティック関数により，(0, 1) の範囲の数値に変換するモデルである。2 項ロジスティック回帰モデルは回帰モデルの一種なので，説明変数で目的変数を表す計算式を考えることになる。

　ここで，説明変数を Z とすると，次式[14] のように表される。

$$Z = \mathbf{b'x} = b_1 x_{i1} + b_2 x_{i2} + \cdots + b_K x_{iK}$$
$$\mathbf{b} = [b_1\ b_2 \cdots b_K]', \ \mathbf{x} = [x_{i1}\ x_{i2} \cdots x_{iK}]'$$

　$\mathbf{x} = [x_{i1}\ x_{i2} \cdots x_{iK}]$ は財務指標の組み合わせであり，$\mathbf{b} = [b_1\ b_2 \cdots b_K]$ は，それぞれの財務指標の説明変数に対する影響度を表す。この Z を説明変数として，デフォルト率を目的変数として，ロジスティック分布関数 F に当てはめると，以下のような，財務指標によって企業のデフォルト率を表す計算式[15] を作成することができる。

$$P(Default) = F(Z) = \frac{\exp(\mathbf{b'x})}{1 + \exp(\mathbf{b'x})} = \frac{1}{1 + \exp(-\mathbf{b'x})}$$

このデフォルト率 $P(Default)$ を説明変数 Z の関数として表すと，図 6－5 のような曲線（ロジスティック回帰曲線）が得られる。この曲線は，(0, 1) の範囲を値域とするため，ちょうどデフォルト率の範囲に対応する。

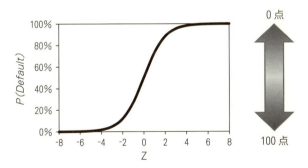

図 6－5　2 項ロジスティック回帰モデルによるデフォルト率

---

14)　'（プライム）はベクトルの転置。
15)　$\exp(\cdot)$ は，$e^{(\cdot)} = 2.71828^{(\cdot)}$ を表す。

（3）信用スコア

　最後に，**信用スコア**を計算する方法を説明する。ここで，ロジスティック回帰モデルの場合，信用スコアは以下のように定義することが可能である。

$$信用スコア = \frac{100}{1+\exp(Z)}$$

ここで，Zは説明変数である。図6－5と見比べると，デフォルト率が0％のとき100点，100％のとき0点に対応することがわかる。そこで，信用スコアの計算例を考える。

計算例　ある金融機関が信用格付モデルで取引先の信用スコアを計算する

　　　　ある取引先の説明変数の値は，以下の通りである。

　　$x_1=$定数$=1$，$x_2=$自己資本額（対数変換）$=0.5$，$x_3=$EBITDA（対数変換）$=0.3$，$x_4=$自己資本比率$=0.4$，$x_5=$有利子負債CF比率$=1$，$x_6=$デット・キャパシティ・レシオ$=0.6$，$x_7=$売上高経常利益率$=1.5$，$x_8=$総資本利払後事業利益率$=0.4$，$x_9=$インタレスト・カバレッジ・レシオ$=1$

　　このとき，Zの値は次のように求まる。

$$Z = 0.75 \times 1 - 0.70 \times 0.5 - 0.45 \times 0.3 - 0.30 \times 0.4 - 0.25 \times 1$$
$$+ 0.28 \times 0.6 - 0.35 \times 1.5 - 0.25 \times 0.4 - 0.15 \times 1 = -0.712$$

説明変数		符号	標準偏回帰係数	変数の範囲	
				下　限	上　限
定　数			+0.75		
規　模	自己資本額（対数変換）	－	－0.70	XX.XX	XX.XX
	EBITDA（対数変換）	－	－0.45	XX.XX	XX.XX
安全性	自己資本比率	－	－0.30	XX.XX	XX.XX
	有利子負債CF比率	－	－0.25	XX.XX	XX.XX
	デット・キャパシティ・レシオ	＋	+0.28	XX.XX	XX.XX
収益性	売上高経常利益率	－	－0.35	XX.XX	XX.XX
	総資本利払い後事業利益率	－	－0.25	XX.XX	XX.XX
	インタレスト・カバレッジ・レシオ	－	－0.15	XX.XX	XX.XX

これより，ある取引先の信用スコアは，次のように得られる。

$$信用スコア = \frac{100}{1+\exp(-0.712)} = 67.1 \qquad \therefore 67\,点$$

なお，次の作業として，信用スコアを信用格付にマッピングする作業[16] があるが，ここでは割愛する。

第3節　信用事由

企業の信用リスクを考える場合，デフォルト（倒産，破綻ともいう）について整理しておくことが重要である。ここで，**信用事由**とは，**クレジット・イベント**とも呼ばれ，支払不履行，条件変更，倒産など，対象債務の履行に関して支障を来すおそれのあるイベントをいう。信用事由をもたらす行為は，法的整理，私的整理，リストラクチャリング，および支払不履行の4種類に大別される。

（1）法的整理

法的整理は清算型手続と再建型手続に分類される。それぞれの手続に該当する手続を以下に説明する。

◆清算型手続

・破産手続

「破産法」により規定される手続であり，裁判所が選任した破産管財人が支払不能または債務超過の状態にある者の財産を清算することを目的とした手続である。破産法の対象主体は，「法人と個人」である。

・特別清算

「会社法」により規定される手続であり，解散して清算手続に入った株式会社について，清算の遂行に著しい支障を来す事情がある場合や債務超過の疑いがある場合に，清算人が裁判所の監督の下で清算を行う手続である。特別清算の対象主体は，「株式会社」である。

---

16) 大学の成績評価において，100点満点の得点をS（秀），A（優），B（良），C（可），およびD（不可）等のランクに変換する作業と同じ発想で行われる。

◆再建型手続

・民事再生手続

「民事再生法」により規定される手続であり，経済的困難にある主体について，債権者の多数の同意を得て，かつ裁判所の認可を受けた再生計画を定めること等により，事業の再生を図ることを目的とする手続である。民事再生手続の対象主体は，「法人と個人」である。

・会社更生手続

「会社更生法」により規定される手続であり，株式会社について，裁判所の監督の下，裁判所が選任した更生管財人を中心として債権者や株主その他の利害関係人の利害を調整し，株式会社の事業の更生を図ることを目的とする手続である。会社更生手続の対象主体は，「株式会社」である。

（2）私的整理（任意整理，内整理ともいう）

債務者が債権者と任意に協議して財産関係を処理することを指す。対象主体は，「法人と個人」である。法的倒産手続とは異なり，債権者と債務者の当事者間での合意に基づいて債権を処理する。複数の金融機関の利害が絡む私的整理では，私的整理の実現のため，メインバンクが他の金融機関の融資を実質的に肩代わりせざるを得ない「メイン寄せ」の問題が指摘されている。

（3）リストラクチャリング

企業が収益構造を改善するために事業を再構築することを指す。

（4）支払不履行

予定通りに元本や利息が支払われないことを指す。金融機関の内部管理上あるいは規制上，融資に関しては「3ヵ月以上延滞」をもって信用事由とする場合が多いようである。

━━━━━ 演 習 問 題 ━━━━━

6.1 以下の財務指標の表すことを述べなさい。
　　EBITDA　デット・キャパシティ・レシオ　当座比率　流動比率　ROA

第7章
社債価値とデフォルト確率

　この章では，信用リスクを含む債券である社債の価値が，信用リスクとどのような関係があるのか検討する。

第1節　信用リスクとは

　債権者（銀行や投資家など）にとって，債務者（企業や個人）があらかじめ契約した元本や利息などのキャッシュフローを支払わない債務不履行時に生じる信用ポートフォリオ[17]の価値変化を指す。債務不履行には延滞，デフォルト，倒産などと呼ぶ場合があるが，法律上は，統一的な定義があるわけではない。

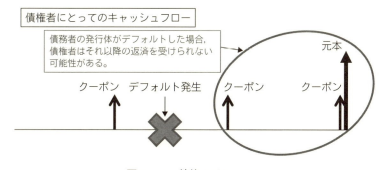

図7-1　社債のデフォルト

　社債の信用リスクを表す重要な指標がデフォルト率（確率）である。社債を発行する企業あるいは社債に投資する企業にとって，デフォルト率（確率）は重要な判断指標となる。ここで，デフォルト率（確率）には2種類存在する。

---

17)　ローンや社債など，信用リスクを内包する複数の金融取引の集合をいう。

（1）実績デフォルト率

　過去のデータから推定した数値をいう。「デフォルトした社数／計算対象の全社数」で計算することが可能である。分母の社数としては，一例として，格付会社が格付けした社数を考えることができる。

（2）予想デフォルト率

　数理統計モデルから推定した数値をいう。

第2節　社債の実績デフォルト率

　社債の実績デフォルト率について，S&P と R&I の公表データに基づき，さまざまな視点から検討する。

（1）格付会社：S&P，対象：グローバル企業[18]

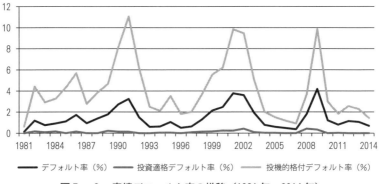

図7－2　実績デフォルト率の推移（1981 年〜2014 年）

出所：S&P 2014 Annual Global Corporate Default Study And Rating Transitions

---

18）　アメリカ，ヨーロッパ，新興市場，その他先進国（日本，オーストラリア，カナ
　　ダ，ニュージーランド）の企業を含む。

（2）格付会社：S&P，対象：グローバル企業

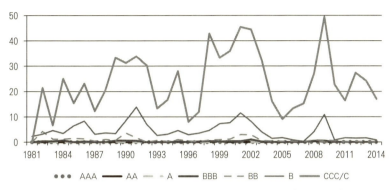

図 7－3　実績デフォルト率の信用格付別推移（1981 年～2014 年）

出所：S&P 2014 Annual Global Corporate Default Study And Rating Transitions

（3）格付会社：S&P，対象：グローバル企業

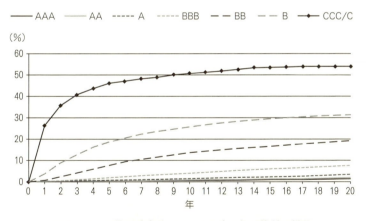

図 7－4　平均累積実績デフォルト率の信用格付別推移

（注）1981 年，1982 年，…，2014 年の各年を開始とする 20 年間の各累積実績デフォ
　　　ルト率カーブにおいて，各年限の値を平均したもの。

出所：Standard & Poor's Global Fixed Income Research and Standard & Poor's
　　　CreditPro®

（4）格付会社：R&I，対象：日本企業（デフォルト企業リストは表7－1参照）

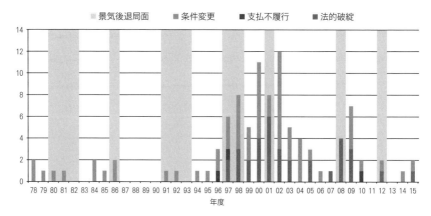

図7－5　日本企業発行社債の実績デフォルト件数の信用事由別推移

出所：R&I「日本企業のデフォルト率・格付推移行列（1978年度～2015年度）」。

（5）格付会社：R&I，対象：日本企業

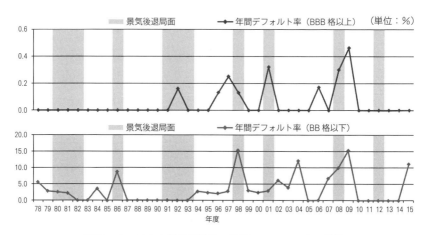

図7－6　日本企業発行社債の実績デフォルト率の推移

出所：R&I「日本企業のデフォルト率・格付推移行列（1978年度～2015年度）」。

表7－1 R&I のデフォルト企業リスト

年度	発行体名	事象	年度	発行体名	事象
1978	日本軽金属	条件変更	2001	マイカル	法的破綻
1978	ジャパンライン	条件変更	2001	イズミ工業	法的破綻
1979	光洋精工	条件変更	2001	大成火災海上保険	法的破綻
1980	京成電鉄	条件変更	2001	長谷工コーポレーション	条件変更
1981	大日本塗料	条件変更	2001	アプラス	条件変更
1984	富士興産	条件変更	2002	ニツセキハウス工業	法的破綻
1984	ジャパンライン	条件変更	2002	日本加工製紙	法的破綻
1985	京成電鉄	条件変更	2002	セザール	法的破綻
1986	山下新日本汽船	条件変更	2002	住友石炭鉱業	条件変更
1986	昭和海運	条件変更	2002	雪印乳業	条件変更
1991	イトマン	条件変更	2002	日本冶金工業	条件変更
1992	日本住宅金融	条件変更	2002	東洋シヤッター	条件変更
1994	滝澤鉄工所	条件変更	2002	滝澤鉄工所	条件変更
1995	日本住宅金融	条件変更	2002	いすゞ自動車	条件変更
1996	日本住宅金融	支払不履行	2002	トーメン	条件変更
1996	藤和不動産	条件変更	2002	ダイエー	条件変更
1996	山一證券	条件変更	2002	大京	条件変更
1997	ヤオハンジャパン	法的破綻	2003	大木建設	法的破綻
1997	三洋証券	法的破綻	2003	マツヤデンキ	法的破綻
1997	山一證券	支払不履行	2003	東洋建設	条件変更
1997	チノン	条件変更	2003	カネボウ	条件変更
1997	昭和海運	条件変更	2003	日産ディーゼル工業	条件変更
1997	日本債券信用銀行	条件変更	2004	双日	条件変更
1998	日本国土開発	法的破綻	2004	ダイエー	条件変更
1998	大倉商事	法的破綻	2004	三菱自動車工業	条件変更
1998	モリショー	法的破綻	2004	中川無線電機	条件変更
1998	佐藤工業	条件変更	2005	勝村建設	法的破綻
1998	フジタ	条件変更	2005	松村組	法的破綻
1998	長谷工コーポレーション	条件変更	2005	サクラダ	法的破綻
1998	青木建設	条件変更	2006	オリエントコーポレーション	条件変更
1998	日本債券信用銀行	条件変更	2007	クレディア	法的破綻
1999	長崎屋	法的破綻	2008	オリエンタル白石	法的破綻
1999	エルカクエイ	法的破綻	2008	アゼル	法的破綻
1999	トーメン	条件変更	2008	パシフィックホールディングス	法的破綻
1999	兼松	条件変更	2008	ニューシティ・レジデンス	法的破綻
1999	ダイア建設	条件変更	2009	日本航空インターナショナル	法的破綻
2000	池貝	法的破綻	2009	日本航空	法的破綻
2000	川崎電気	法的破綻	2009	ウィルコム	法的破綻
2000	赤井電機	法的破綻	2009	井筒屋	条件変更
2000	靴のマルトミ	法的破綻	2009	ライフ	条件変更
2000	大末建設	条件変更	2009	コスモスイニシア	条件変更
2000	三井建設	条件変更	2009	アイフル	条件変更
2000	ハザマ	条件変更	2010	シルバー精工	支払不履行
2000	熊谷組	条件変更	2010	丸和	条件変更
2000	テザック	条件変更	2012	NIS グループ	法的破綻
2000	壽屋	条件変更	2012	中山製鋼所	条件変更
2000	ロイヤルホテル	条件変更	2014	ユニチカ	条件変更
2001	日産建設	法的破綻	2015	第一中央汽船	法的破綻
2001	青木建設	法的破綻	2015	シャープ	条件変更
2001	新潟鐵工所	法的破綻			

出所：R&I の HP。

＜グローバル企業のケース＞

　図 7 − 2 では，ピークは 3 ヵ所あり，1991 年は日本のバブル崩壊，2001 年はアメリカの IT バブル崩壊，2009 年はグローバル金融危機に相当する。図 7 − 3 では，実績デフォルト率の傾向は図 7 − 2 と同じで，1991 年，2001 年，および 2009 年にピークが見られる。図 7 − 4 では，投機的格付（BB 格以下）の平均累積実績デフォルト率が，投資適格（BBB 以上）のそれよりも格段に低く，特に CCC/C 格の水準は，10 年を超えると，2 社に 1 社がデフォルトしたという極めて高い水準となっている。

＜日本企業のケース＞

　図 7 − 5 では，2007 年の米国サブプライムローン問題に端を発したグローバル金融危機以降では，2008 年度に 4 件，2009 年度に 7 件とデフォルトが増加した。2009 年度のデフォルト事由を見ると，事業再生 ADR 手続き[19] の申請による条件変更が目立った。その後，デフォルト件数は減少した。2015 年度のデフォルトは，第一中央汽船の「法的破綻」と，シャープの金融支援にかかる「条件変更」の 2 件である。図 7 − 6 では，格付先のデフォルト率推移について，BBB 格以上と BB 格以下の 2 区分に分けて推移を見ると，BBB 格以上のデフォルト率は，2010 年度から 6 年連続して 0 ％となっている。一方，BB 格以下では，0 ％が 5 年間続いた後に，2015 年度はシャープによる条件変更によりプラスとなった。

第 3 節　デフォルト確率の推定

　デフォルト確率を推定するためのモデルのアプローチとして，構造モデルのアプローチが代表的である。

---

19)　経営危機に陥った企業が，民事再生法や会社更生法の申し立てによる法的手続きにかえて，中立な第三者機関である ADR（Alternative Dispute Resolution：裁判外紛争解決手続き）事業者によって，債権者と債務者の話し合いをもとに自主的な整理手続きによって問題解決を図るための手続き。

◆オリジナルのマートンモデル（1974）

　1974年に論文が発表される。前年の1973年に発表されたブラック・マートン・ショールズ・モデルに基礎をおいたオプション評価アプローチを取り入れており，「信用リスク評価のオプションアプローチ」と表現する場合もある。

<＜ロバート・マートン博士＞>

- MIT スローン・ビジネススクールの教授
- 1997年ノーベル経済学賞受賞　受賞業績：株式オプションの数学モデルに関する論文。1973年に単独で発表
- 信用リスクのマートンモデル（1974年）も非常に有名

◆信用リスクの構造モデル

　企業のバランスシートに基づくモデルをいう。オリジナルのモデルは，ロバート・マートン博士が1974年に考案したモデルであり，現在，さまざまな拡張モデルが存在する。

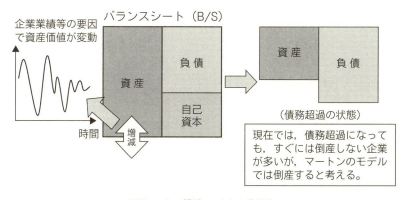

図7－7　構造モデルの仕組み

　マートンの構造モデルでは，企業の資産価値の変化は2つの要因に分解される。時間と共に平均的に増加する部分と時間と共に変動する部分である（図7－8）。

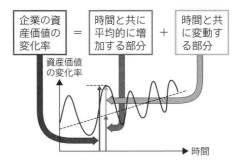

図7-8　企業の資産価値の変化

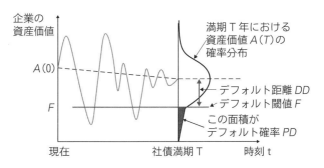

図7-9　マートンモデルにおけるデフォルトのメカニズム

◆デフォルト確率の計算式

　満期 T の社債のデフォルト確率は，図7-9で色塗りした部分の面積として，次式で表される。

$$PD(T) = \Phi\left(\frac{\ln(F/A(0)) - (\mu - \sigma^2/2)T}{\sigma\sqrt{T}}\right) = \Phi(-DD)$$

ここで，Φ：標準正規累積分布関数，$A(0)$：現在（$t=0$）の資産価値，F：社債額面，μ：資産価値変動のドリフト（平均変化率），σ：資産価値変動のボラティリティ（標準偏差）を指す。DD は**デフォルト距離**といい，デフォルトのしやすさを表す指標である。

【マートンの構造モデルによる計算例】

エクセルを使って，社債満期 T を 0.5 年刻みで変えた場合の満期 T を横軸とするデフォルト確率カーブを描く

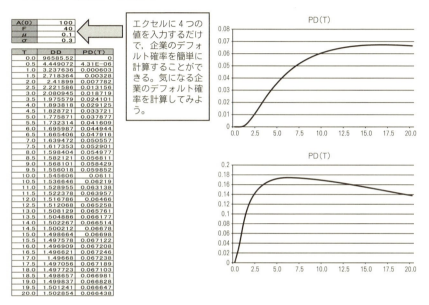

エクセルに 4 つの値を入力するだけで，企業のデフォルト確率を簡単に計算することができる。気になる企業のデフォルト確率を計算してみよう。

A(0)	100
F	40
μ	0.1
σ	0.3

T	DD	PD(T)
0.0	96585.52	0
0.5	4.449072	4.31E-06
1.0	3.237636	0.000603
1.5	2.718364	0.00328
2.0	2.41899	0.007782
2.5	2.221586	0.013156
3.0	2.080945	0.018719
3.5	1.975579	0.024101
4.0	1.893818	0.029125
4.5	1.828721	0.033721
5.0	1.775871	0.037877
5.5	1.732314	0.041609
6.0	1.695987	0.044944
6.5	1.665406	0.047916
7.0	1.639472	0.050557
7.5	1.617353	0.052901
8.0	1.598404	0.054977
8.5	1.582121	0.056811
9.0	1.568101	0.058429
9.5	1.556018	0.059852
10.0	1.545606	0.0611
10.5	1.536646	0.06219
11.0	1.528955	0.063138
11.5	1.522378	0.063957
12.0	1.516786	0.06466
12.5	1.512068	0.065258
13.0	1.508129	0.065761
13.5	1.504886	0.066177
14.0	1.502267	0.066514
14.5	1.500212	0.06678
15.0	1.498664	0.06698
15.5	1.497578	0.067122
16.0	1.496909	0.067208
16.5	1.496621	0.067246
17.0	1.49668	0.067238
17.5	1.497056	0.067189
18.0	1.497723	0.067103
18.5	1.498657	0.066981
19.0	1.499837	0.066828
19.5	1.501241	0.066647
20.0	1.502854	0.066438

図 7-10　デフォルト確率カーブの例

◆構造モデルの特徴

　1 期間のみ存続する企業を考える。期初に社債と株式で資金調達した企業が，1 期間後（期末）に社債の満期を迎え，資産を社債権者と株主に分配して解散することを考える。図 7-11 は，社債満期時の社債権者と株主のペイオフを示す。社債の発行体企業が社債の満期前にデフォルトした等の理由で，社債権者に額面価値の支払いが行われない場合，社債権者は企業の資産価値すべてを受け取ることができるが，一方，株主は何も受け取ることができないという，利害関係者である社債権者と株主の優先度を構造モデルにより表すことができる。

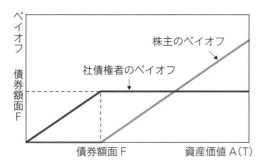

図 7 − 11　企業解散時（満期）の社債権者と株主のペイオフ

─────────────────────── 演 習 問 題 ───────────────────────

7.1　下記の標準正規分布表を利用し，マートンモデルでデフォルト距離 $DD=1$ とした場合のデフォルト確率を求めなさい。

u	0.00	0.01	0.02	0.03	0.04	0.05	0.06	0.07	0.08	0.09
0.0	0.0000	0.0040	0.0080	0.0120	0.0160	0.0199	0.0239	0.0279	0.0319	0.0359
0.1	0.0398	0.0438	0.0478	0.0517	0.0557	0.0596	0.0636	0.0675	0.0714	0.0753
0.2	0.0793	0.0832	0.0871	0.0910	0.0948	0.0987	0.1026	0.1064	0.1103	0.1141
0.3	0.1179	0.1217	0.1255	0.1293	0.1331	0.1368	0.1406	0.1443	0.1480	0.1517
0.4	0.1554	0.1591	0.1628	0.1664	0.1700	0.1736	0.1772	0.1808	0.1844	0.1879
0.5	0.1915	0.1950	0.1985	0.2019	0.2054	0.2088	0.2123	0.2157	0.2190	0.2224
0.6	0.2257	0.2291	0.2324	0.2357	0.2389	0.2422	0.2454	0.2486	0.2517	0.2549
0.7	0.2580	0.2611	0.2642	0.2673	0.2704	0.2734	0.2764	0.2794	0.2823	0.2852
0.8	0.2881	0.2910	0.2939	0.2967	0.2995	0.3023	0.3051	0.3078	0.3106	0.3133
0.9	0.3159	0.3186	0.3212	0.3238	0.3264	0.3289	0.3315	0.3340	0.3365	0.3389
1.0	0.3413	0.3438	0.3461	0.3485	0.3508	0.3531	0.3554	0.3577	0.3599	0.3621
1.1	0.3643	0.3665	0.3686	0.3708	0.3729	0.3749	0.3770	0.3790	0.3810	0.3830
1.2	0.3849	0.3869	0.3888	0.3907	0.3925	0.3944	0.3962	0.3980	0.3997	0.4015
1.3	0.4032	0.4049	0.4066	0.4082	0.4099	0.4115	0.4131	0.4147	0.4162	0.4177
1.4	0.4192	0.4207	0.4222	0.4236	0.4251	0.4265	0.4279	0.4292	0.4306	0.4319
1.5	0.4332	0.4345	0.4357	0.4370	0.4382	0.4394	0.4406	0.4418	0.4429	0.4441
1.6	0.4452	0.4463	0.4474	0.4484	0.4495	0.4505	0.4515	0.4525	0.4535	0.4545
1.7	0.4554	0.4564	0.4573	0.4582	0.4591	0.4599	0.4608	0.4616	0.4625	0.4633
1.8	0.4641	0.4649	0.4656	0.4664	0.4671	0.4678	0.4686	0.4693	0.4699	0.4706
1.9	0.4713	0.4719	0.4726	0.4732	0.4738	0.4744	0.4750	0.4756	0.4761	0.4767
2.0	0.4772	0.4778	0.4783	0.4788	0.4793	0.4798	0.4803	0.4808	0.4812	0.4817
2.1	0.4821	0.4826	0.4830	0.4834	0.4838	0.4842	0.4846	0.4850	0.4854	0.4857
2.2	0.4861	0.4864	0.4868	0.4871	0.4875	0.4878	0.4881	0.4884	0.4887	0.4890
2.3	0.4893	0.4896	0.4898	0.4901	0.4904	0.4906	0.4909	0.4911	0.4913	0.4916
2.4	0.4918	0.4920	0.4922	0.4925	0.4927	0.4929	0.4931	0.4932	0.4934	0.4936
2.5	0.4938	0.4940	0.4941	0.4943	0.4945	0.4946	0.4948	0.4949	0.4951	0.4952
2.6	0.4953	0.4955	0.4956	0.4957	0.4959	0.4960	0.4961	0.4962	0.4963	0.4964
2.7	0.4965	0.4966	0.4967	0.4968	0.4969	0.4970	0.4971	0.4972	0.4973	0.4974
2.8	0.4974	0.4975	0.4976	0.4977	0.4977	0.4978	0.4979	0.4979	0.4980	0.4981
2.9	0.4981	0.4982	0.4982	0.4983	0.4984	0.4984	0.4985	0.4985	0.4986	0.4986
3.0	0.4987	0.4987	0.4987	0.4988	0.4988	0.4989	0.4989	0.4989	0.4990	0.4990
3.1	0.4990	0.4991	0.4991	0.4991	0.4992	0.4992	0.4992	0.4992	0.4993	0.4993
3.2	0.4993	0.4993	0.4994	0.4994	0.4994	0.4994	0.4994	0.4995	0.4995	0.4995
3.3	0.4995	0.4995	0.4995	0.4996	0.4996	0.4996	0.4996	0.4996	0.4996	0.4997
3.4	0.4997	0.4997	0.4997	0.4997	0.4997	0.4997	0.4997	0.4997	0.4997	0.4998
3.5	0.4998	0.4998	0.4998	0.4998	0.4998	0.4998	0.4998	0.4998	0.4998	0.4998

$$\Phi(x) = \int_{-\infty}^{x} \frac{1}{\sqrt{2\pi}} e^{-\frac{v^2}{2}} dv$$

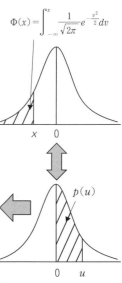

表の利用例：デフォルト確率＝10.0％のとき，デフォルト閾値 x を求める。

　p(u)＝50.0−10.0＝40.0％となることから，上の表で 0.4 に最も近い値を捜すと，0.3997 が得られる。この値の行の値が 1.2，列の値が 0.08 となるため，u＝1.28 となる。∴ x＝−1.28

第8章
デリバティブ

この章では，企業が財務戦略に使用するデリバティブの基本について解説する。財務戦略上，デリバティブはキャッシュフローを変換するための重要な道具であるため，正確な理解が肝要である。

第1節　デリバティブ

デリバティブ（金融派生商品：derivatives）とは，特定の資産（**原資産**：underlining assets）の価格に基づいて，価格やリターンが決まる金融商品または取引契約の総称である。ここで，原資産とは，株式，債券，金利，通貨（為替）などの金融資産をいう。その他，商品（コモディティ），気温・降雪量，電力，企業の信用力などさまざまなものがある。なお，商品とは，原油・ガスなどのエネルギー，金・銀・プラチナなどの貴金属，小麦・大豆・とうもろこしなどの穀物，銅・アルミといった非鉄金属などを指す（図8－1）。

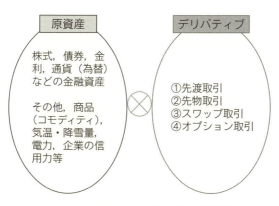

図8－1　デリバティブと原資産の関係

◆デリバティブの種類

デリバティブは以下の4種類に大別される。

• 将来コミットメント

　　将来，一定の価格で原資産を受け渡すことや一定期間キャッシュフローを交換することを約束する取引をいい，以下の3種類に分類される。

（1）先渡（フォワード）取引

　　　　将来のある時点にあらかじめ決めた価格で原資産を受け渡す**店頭取引**をいう。カスタムメイドの取引（取引対象資産，金額，満期日などを自由に設定可能）であり，満期日に決済される。

（2）先物（フューチャー）取引

　　　　将来のある時点にあらかじめ決めた価格で原資産を受け渡す**取引所取引**をいう。標準化された取引（取引対象資産，金額，満期日などがあらかじめ決まっている）であり，日々，値洗い（取引をその時の時価で再評価すること）により，キャッシュフローが日々生じる。

（3）スワップ取引

　　　　将来の一定期間にわたり，キャッシュフローを当事者間で交換する取引をいう。同一通貨間取引を**金利スワップ**，異種通貨間取引を**通貨スワップ**という。

• 条件付請求権

　　将来，一定価格で原資産を買う権利または売る権利を対象とする取引をいう。

（4）オプション取引

　　　　将来のある時点，またはそれ以前に，あらかじめ決めた価格で原資産を**買う権利**または**売る権利**を対象とする。取引所取引と店頭取引の双方が存在する。

　デリバティブは，市場で取引されている原資産の金額を超えて，コンピュータ上で理論上いくらでも作れる。事実，リーマンショックの元凶とされるシンセティック型CDOは，信用デリバティブの一種のCDS（クレジット・デフォルト・スワップ）からなるが，社債等の参照資産（原資産）の発行規模を大幅に上

回る量の CDS が当時取引されていた。

第2節　スワップ取引

　スワップ取引は，固定金利と変動金利を交換する取引をいう。取引相手の組み合わせとしては，銀行対銀行，銀行対企業等がある。

例　金利スワップ取引

・企業のポジション：固定金利受取・変動金利支払
・銀行のポジション：固定金利支払・変動金利受取

図8－2　金利スワップ取引

　LIBOR は，ロンドン銀行間取引における出し手側（貸す側）の金利で変動金利の指標として使われる。6M－LIBOR は6ヵ月ごとに金利更改される変動金利である。他に 3M－LIBOR などがある。東京銀行間取引の場合，TIBOR という。

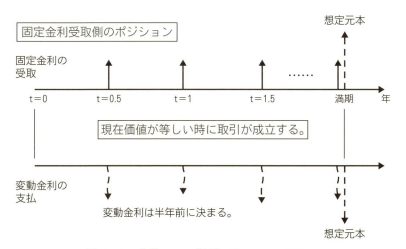

図8－3　金利スワップ取引のキャッシュフロー

◆金利スワップ取引

　金利スワップとは，**同一通貨**の固定金利と変動金利を交換する取引をいう（図8-3）。

　金利スワップ取引では，元本は交換しないため，**想定元本**という。想定元本は，あくまでも金利の計算のためにだけ想定する元本であることに注意したい。

◆通貨スワップ取引

　通貨スワップとは，**異種通貨**の固定金利と変動金利を交換する取引をいう（図8-4）。通貨スワップ取引では，契約時と満期時に元本交換する。

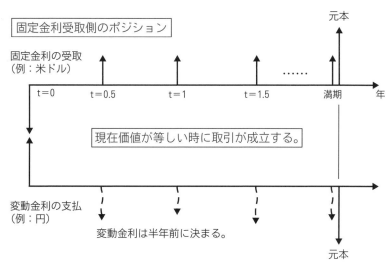

図8-4　通貨スワップ取引のキャッシュフロー

第3節　金利スワップレート

　金利スワップレートには，以下の2つのタイプが存在する。

（1）市場レート

　金利スワップ市場で取引されているレートをいう。Bid（受け手側）のレートとOffer（出し手側）のレートがある。また，BidとOfferを平均したものがMidレートである。

例　円金利スワップレート（Mid）（2016 年 11 月 25 日 15:00 現在，対 6M－LIBOR）

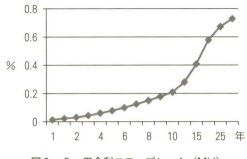

図 8－5　円金利スワップレート（Mid）

（2）理論レート

　理論的に計算されるレートをいう。定型的な金利スワップ取引（**プレイン・バニラ・スワップ**という。固定金利と変動金利を交換する取引）のスワップレートは，スワップ市場（店頭市場）で決まる。一方，スワップ取引は財務戦略の重要な手段であるので，カスタムメイドの取引が多く行われる。このとき，任意の期間のスワップレートの理論値が必要となる。また，スワップ取引の評価のためには，逆に割引ファクターをスワップレートから計算する必要がある。

第 4 節　割引ファクター

　割引ファクター（**ディスカウント・ファクター**：discount factor）は，将来価値を現在価値に換算するための乗数で，**割引率**（discount rate）で表される。

　1 年間の割引率を r とすると，t 年間（n 期間）の割引ファクター $DF(n)$ は，

$$DF(n) = \frac{1}{(1+r\tau)^n}$$

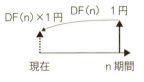

となる。1 期間が 1 年なら $\tau=1$，半年なら $\tau=0.5$ となる。

計算例　割引ファクターの計算をする

　　　割引率 r を年利 8 ％，1 期間を 0.5 年とすると，

- 1 年間（2 期間）の割引ファクター $= \dfrac{1}{(1+0.5r)^2} = \dfrac{1}{(1.04)^2} = 0.925$

- 2.5 年間（5 期間）の割引ファクター $= \dfrac{1}{(1+0.5r)^5} = \dfrac{1}{(1.04)^5} = 0.822$

- 5 年間（10 期間）の割引ファクター $= \dfrac{1}{(1+0.5r)^{10}} = \dfrac{1}{(1.04)^{10}} = 0.676$

第 5 節　金利スワップレートの理論値

　金利スワップレートを計算する場合，固定金利ポジションのキャッシュフローの現在価値と変動金利ポジションのキャッシュフローの現在価値を評価し，両者が等価であるとして求める（図 8 - 6，図 8 - 7，図 8 - 8）。

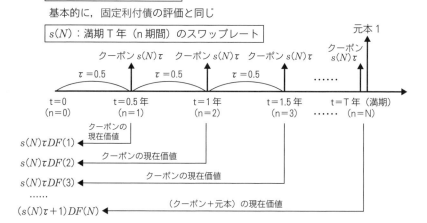

図 8 - 6　固定金利ポジションの評価

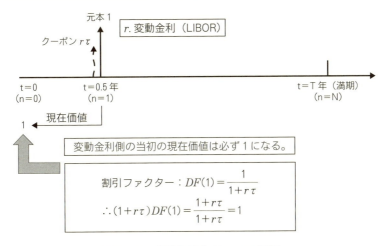

変動金利ポジションの評価：変動利付債の評価

元本 1

r. 変動金利（LIBOR）

クーポン *rτ*

t＝0　　　　t＝0.5 年　　　　　　　　　　　　　　t＝T 年（満期）
(n＝0)　　　(n＝1)　　　　　　　　　　　　　　(n＝N)

現在価値

1

変動金利側の当初の現在価値は必ず 1 になる。

$$\text{割引ファクター：} DF(1) = \frac{1}{1 + r\tau}$$

$$\therefore (1 + r\tau)DF(1) = \frac{1 + r\tau}{1 + r\tau} = 1$$

図 8 − 7　変動金利ポジションの評価

スワップ取引の成立 ⇔ 固定金利側と変動金利側の現在価値が等しい。

（固定金利側の現在価値）（変動金利側の現在価値）

$$\overbrace{s(N)\tau\sum_{n=1}^{N}DF(n)} + \overbrace{DF(N)} = 1$$

これを解くと，
スワップレートの理論式：
$$s(N) = \frac{1 - DF(N)}{\tau\sum_{n=1}^{N}DF(n)}$$

逆に，この理論式から，各種期間の割引ファクターを求めることができる。最初に，市場スワップレート（*t*＝0.5, 1, 2, 3, 4, 5, 7, 10 年; *n*＝1, 2, 4, 6, 8, 10, 14, 20）（*t*＝0.5 年は 6M-LIBOR）を（線形）補間して，市場レートの存在しない期間（*n*＝3, 5, 7, 9, …）の理論スワップレートを求める。次に，以下の手順で割引ファクターを順次求める。

Step 1: *s*(1) から *DF*(1) を求める。
Step 2: *DF*(1), *s*(2) から *DF*(2) を求める。
Step 3: *DF*(1), *DF*(2), *s*(3) から *DF*(3) を求める。
Step 4: *DF*(1), *DF*(2), *DF*(3), *s*(4) から *DF*(4) を求める。
Step 5: *DF*(1), *DF*(2), *DF*(3), *DF*(4), *s*(5) から *DF*(5) を求める。
　……

図 8 − 8　理論スワップレートの評価

第6節　イールドカーブ

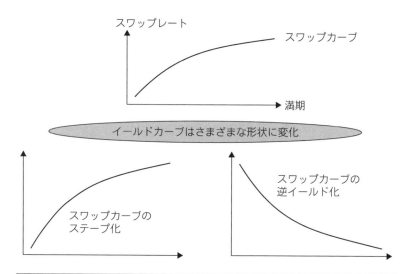

スワップレート

スワップカーブ

満期

イールドカーブはさまざまな形状に変化

スワップカーブの
ステープ化

スワップカーブの
逆イールド化

固定金利ポジションの損益は，プラスにもマイナスにもなる。
変動金利ポジションの損益は，プラスにもマイナスにもなる。
ただし，変動金利ポジションの現在価値は，「半年毎の金利更改時に1」となる。
∴金利スワップの損益（固定金利の受取側）
＝（時点 t の固定金利ポジションの価値−約定時 t＝0 の固定金利ポジションの価値）
−（時点 t の変動金利ポジションの価値−約定時 t＝0 の変動金利ポジションの価値（＝0））

図8−9　スワップカーブ

　各満期の金利をつないだものをイールドカーブという。**スワップカーブ**は，
スワップレートをつないだイールドカーブをいう。

第7節　スワップ取引による財務戦略

　金利スワップ取引を利用した財務戦略をいくつか紹介する。

例1　アウトライト取引を利用した財務戦略

＜戦略＞金利の変化を見て，反対取引をして利益を確定する。

　当初，ある企業は，銀行 A と満期3年の固定金利3％受取の金利スワップ
取引を行った。

満期3年の金利スワップ取引

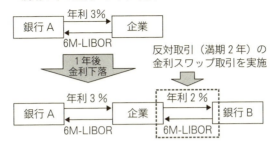

図8－10　アウトライト取引を利用した財務戦略

　1年後，スワップ金利が2%に低下したため，この企業は反対取引（満期2年）を実施した。この戦略により，この企業は残り2年（4回）分の利益（4回×想定元本×1%×0.5年）を確定した。想定元本＝100億円なら，2億円の利益となる。

例2 ローン金利のタイプを変える財務戦略

＜戦略＞金利の変化を見て，ローン金利を変動金利から固定金利に変える。

　当初，ある企業はLIBOR金利で満期3年のローンを借りた。

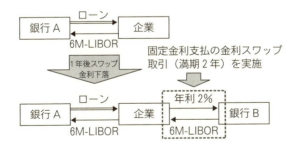

図8－11　金利タイプを変える財務戦略

　1年後，スワップ金利が低下（3%→2%）したため，この企業は固定金利2%支払の金利スワップ取引（満期2年）を実施した。この戦略により，残り2年（4回）分の支払金利（4回×想定元本×2%×0.5年）が確定した。想定元本＝

100億円なら，4億円となる。結局，6M－LIBORの残り4回分の平均レートは3％であったため，金利支払を安く抑えることができたことになる。

例3 2企業の調達金利のタイプを同時に変える財務戦略

＜戦略＞相対的に割安な（比較優位な）金利タイプの調達に由来する金利軽減分を取引当事者間で再配分する。

　企業Aおよび企業Bは，それぞれの信用力に応じて，ある銀行から満期5年のローン金利（固定金利と変動金利の双方）の提示を受けた（表8－1）。銀行の提案を受け，企業Aは固定金利で資金調達し，同時に固定金利受取のスワップ取引を実施した。一方，企業Bは変動金利で資金調達し，同時に固定金利支払のスワップ取引を実施した。

　このスキームにより，企業Aの実質金利はLIBOR－0.2％，企業Bの実質金利は2.8％となった。結果，両社とも，それぞれ調達金利を0.3％軽減することができた。金額に換算すると，両社とも，それぞれ5年（10回）分の金利支払（10回×想定元本×0.3％×0.5年）を軽減した。想定元本＝100億円なら，それぞれ1.5億円の金利支払を軽減したことになる。

表8－1　満期5年のローン金利

	固定金利	変動金利
企業A	2.0％	6M－LIBOR＋0.1％
企業B	3.1％	6M－LIBOR＋0.4％

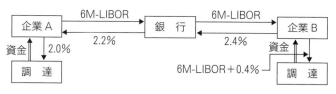

図8－12　2企業の調達金利のタイプを同時に変える財務戦略

（注）この例では，金利スワップ取引によって，各社の調達金利が下がったわけではない点を注意したい。調達金利の軽減は，〔（LIBOR＋0.1％）－

2.0%］＋［3.1％－（LIBOR＋0.4％）］＝0.8％に由来する。企業 A にとって，固定金利 2.0％は企業 B の 3.1％より低いので，固定金利に比較優位がある。一方，企業 B にとって，LIBOR＋0.4％は，企業 A の LIBOR＋0.1％に比べてわずか 0.3％高いだけなので，変動金利に比較優位がある。すなわち，各社は元の調達を比較優位にある金利タイプにしたに過ぎず，スワップ取引をすることで，両社の金利低減分 0.8％を 3 者間で，企業 A：0.3％，企業 B：0.3％，および銀行：0.2％として分け合ったことになる。

─────────────── 演 習 問 題 ───────────────

8.1 以下のカッコ内に当てはまる用語を入れなさい。同じ記号のカッコ内には同じ用語が入る。
   ・（ a ）取引と（ b ）取引は，類似した取引である。（ a ）は将来のある時点にあらかじめ決めた価格で原資産を受け渡す（ c ）取引で，カスタムメイドであるのに対して，（ b ）は将来のある時点にあらかじめ決めた価格で原資産を受け渡す（ d ）取引で，標準化されている。
   ・クレジット・デフォルト・スワップは，（ e ）の一種で，このスワップの購入者は固定支払を行い，このスワップの売却者は債務不履行が起こった場合のみ支払を行う。
8.2 ある企業が満期 5 年のローンを 6M－LIBOR 金利で 100 億円，銀行から借りている。2 年経過した時点で金利が全般的に下がってきたので，この企業は 3 年物金利スワップ取引を行い，利息の支払を確定しようと考えた。
   （1）固定金利受取・LIBOR 支払あるいは固定金利支払・LIBOR 受取のうち，どちらの取引を行えばよいか。
   （2）この金利スワップ取引を行うことにより，残りの利息をいくらに確定できるか。ただし，3 年物金利スワップレートは，年利 2 ％（半年払）とする。

第9章
オプション

　この章では，デリバティブの一種であるオプションを理解し，オプションの価値評価やオプションを内包した金融商品の仕組みについて解説する。オプションは使い方を誤ると，大きな損失を被る可能性があるが，財務戦略上，有用なツールであることを理解する。

第1節　オプション取引

　オプションとは，将来のある時点，またはそれ以前に，あらかじめ決められた価格（**権利行使価格**あるいは**ストライク・プライス**という）で**原資産を買う権利**または売る権利を売買する取引をいう。

◆オプションの原資産

　原資産には，株式，株価指数（日経平均株価，東証株価指数など），債券，金利，通貨など金融資産が該当する。その他，商品，気温・降雪量，電力など資産とはいい難いようなものまで，さまざまな対象が該当する。

◆オプションの用語

　オプション価格（売買代金）を**プレミアム**という。オプション取引を実行することを**権利行使**という。

第2節　オプションに価値を認めるか

　通常の商行為では，売買はリアルに存在するモノやサービスを対象とする。それに対して，オプションは，モノや特定の対象を売買する権利の売買である。

例1　原油のオプション

　現在，1バレル50米ドルであるが，1年後，1バレル60ドルに値上がりする予想をしている人たちがいる。このとき，あなたは1バレル50ドルで購入できる権利を買うことができるとする。ただし，購入するには5ドル支払う必

要がある。さて，あなたは，このオプションを購入するだろうか。もちろん，このオプションを購入してもすぐに原油が手に入るわけではないのに，お金を払う価値があるのだろうか？

例2 正社員として入社できる権利のオプション

　あなたが希望する会社に正社員として入社できる権利が売られているとする。さて，あなたはこの権利に価値を認め，購入しようと思うか？

第3節　オプションの分類

　オプションを分類する場合，以下のようなさまざまな視点がある。

◆オプションの主な権利行使方法

　基本的なタイプ[20)] は，以下のヨーロピアンタイプとアメリカンタイプの2つである。

名　称	権利行使のタイミング
ヨーロピアンタイプ	取引の満期のみ権利行使が可能
アメリカンタイプ	取引の満期までいつでも権利行使が可能

◆コールとプット

　オプションには，コールとプットが存在する。

	オプションの内容	買　い	売　り
コール	原資産を権利行使価格で買い付ける権利	プレミアムを支払い，オプションの売り手からオプションを購入	プレミアムを受け取り，オプションの買い手にオプションを売却
プット	原資産を権利行使価格で売り付ける権利	プレミアムを支払い，オプションの売り手からオプションを購入	プレミアムを受け取り，オプションの買い手にオプションを売却

---

20)　この他にも，バミューダンタイプ，アジアンタイプ，ロシアンタイプなど，国・地域名の付いたものがある。これらのタイプは，エキゾチックオプションと呼ばれている。

◆オプション売買のバリエーション

オプションを売買する際，そのバリエーションは以下の通り計算される。

$$
\begin{bmatrix} \text{ヨーロピアン} \\ \text{アメリカン} \end{bmatrix} \times \begin{bmatrix} \text{コール} \\ \text{プット} \end{bmatrix} \times \begin{bmatrix} \text{買い} \\ \text{売り} \end{bmatrix} : 2 \times 2 \times 2 = 8 \text{ 通り}
$$

◆オプション価値（プレミアム）

オプション価値は，**本質的価値**と**時間価値**の合計となる。

本質的価値	オプションを権利行使した際に得られる利益。原資産価格と権利行使価格の差。
時間価値	権利行使によって，満期までにさらに値上がりする可能性を放棄する際の価値。時間経過とともに減衰し，満期にはゼロになる。

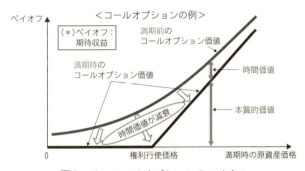

図 9 - 1　コールオプションのペイオフ

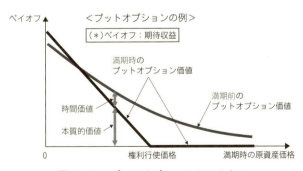

図 9 - 2　プットオプションのペイオフ

◆コールオプションの取引の損益

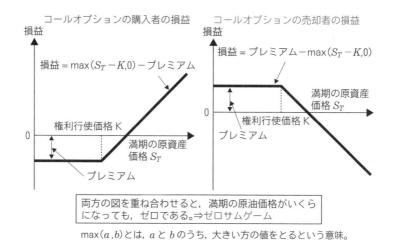

図9-3　コールオプションの損益

◆プットオプションの取引の損益

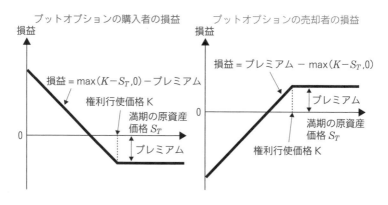

max(*a*,*b*)とは，*a*と*b*のうち，大きい方の値をとるという意味。

図9-4　プットオプションの損益

第4節　オプションの価格評価

オプションの価格評価を行う場合，次のいずれかの方法で評価する。

（1）2項モデル

2枝に分岐するツリーでオプション価格を評価する。この際，リスク中立確率という特別な確率を想定して評価することになる。

（2）オプションの複製

原資産と無リスク資産でオプションのペイオフ（期待収益）を複製する。この方法は，確率の知識を要しない。

（3）ブラック・マートン・ショールズ・モデル

1973年にマートンおよびブラックとショールズが別々に開発したモデル（同じもの）を使って評価する。このモデルは，確率微分方程式を解いて求める。

◆複製によるオプションの価格評価

3つの方法のうち，確率の知識を要しないオプションの複製の方法により，オプション価格の評価を行う。一例として，株式と無リスク資産（国債など）から株式オプションを複製する。

例　以下の取引条件の株式オプションの価格評価を行う

（株式オプション取引の条件）

- ヨーロピアンタイプ　　・コール取引　　　　　・満期1年
- 現在の株価 100円　　　・権利行使価格 100円
- 無リスク金利（リスクフリーレート）25%

現在100円の株価は，1年後（$t=1$）に上昇すると120円に，下落すると80円になるとする。このとき，現在のコールオプションの価格 X を求めたいわけだが，いまわかるのは，1年後（$t=1$）の価格のみである。すなわち，株価が120円のとき，コールオプションの価格は，$\max(120-100,0)=20$円となり，株価が80円のとき，$\max(80-100,0)=0$円となる。結局，コールオプションの価格変化は，現在価格 X が，1年後（$t=1$）に株価が上昇した場合20

94

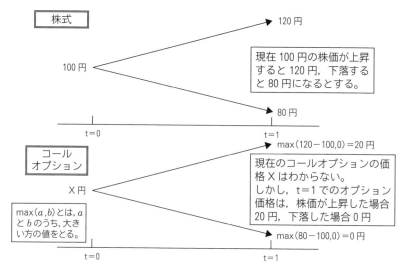

図9－5　株式とコールオプションの価格変化

円になり，1年後（$t=1$）に株価が下落した場合0円になる（図9－5）。

　さて，このコールオプションのペイオフの変化を株式と無リスク資産を使って複製することを考える。株式をΔ単位購入すると，現在価格100Δ円は，1年後（$t=1$）に株価が上昇した場合120Δ円になり，株価が下落した場合80Δ円になる。

　一方，無リスク資産をB円購入すると，現在価格B円は，1年後（$t=1$）に株価が上昇しても下落しても影響を受けることはなく，1年後（$t=1$）には，確実に，元本B円に無リスク金利25％で利息（25％×B円）が付いて$1.25B$円になる（図9－6）。

　したがって，株式と無リスク資産の取引をあわせると，現在価格$X=100\Delta+B$（円）は，1年後（$t=1$）に株価が上昇した場合$120\Delta+1.25B$（円）になり，株価が下落した場合$80\Delta+1.25B$（円）になる。ここで，1年後のコールオプションの価格はすでに求めており，株価が上昇した場合20円，株価が下落した場合0円であったので，$120\Delta+1.25B=20$，$80\Delta+1.25B=0$という2本の連立方程式が成り立つ。これを解くと，$\Delta=0.5$，$B=-32$円と求まる。

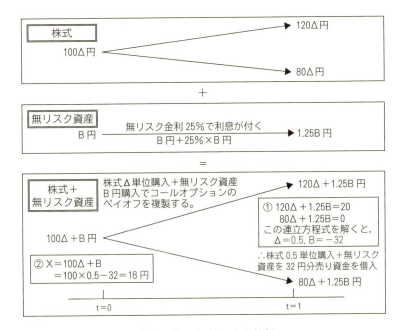

図9－6　オプションの複製

この2つの値を$X=100\Delta+B$（円）に代入すると，$X=18$円と求まる。すなわち，無リスク資産を32円分売り，資金を調達して，その資金で株式0.5単位を購入することで，コールオプションの価格を複製することができる。

第5節　オプション内包型証券の例

　転換社債（Convertible Bonds: CB）または**転換社債型新株予約権付社債**とは，あらかじめ定めた**交換比率**（パリティという）で発行企業の株式に転換する権利（オプション）が付与された社債である。以下の指標がある。

◆パリティ$=\dfrac{\text{株価}}{\text{転換価格}}\times100$

　現在の株価が転換価格（＝転換社債を株式に交換するときの価格）と比較して，どの程度高いかを示す指標をいう。パリティが高いほど株式としての性格が強いといえる。

◆乖離率＝$\dfrac{転換社債価格－パリティ}{パリティ}\times100$（％）

　パリティと比較して，転換社債価格がどの程度高いかを示す指標をいう。

　また，発行体と投資家のメリット・デメリットは以下の通りである。

◆発行体のメリット

　株式への転換権（オプション）を付与しているため，普通社債よりクーポンを低く抑えられる。また，転換価格を発行時の株価より高く設定しておくと，将来権利行使されれば，発行時よりも高い株価で増資をできる。

◆発行体のデメリット

　投資家の権利行使によって発行株式数が増え，持分の**希薄化**が生じる。

◆投資家のメリット

　株価が下落しても社債として償還可能である。株価が上昇すれば，社債に内包された**株式コールオプション**を権利行使して，株式に転換可能である。

例　ソニー 130％コール付 6 回 CB

```
社債の額面＝100 万円 転換社債価格＝|105.65 円| パリティ＝|66.35 円|
　転換価格＝3,323×100/66.35＝5,008 円>↑現在の株価|3,323 円|
結論：いま，株式に転換しても損をする。
```

転換価格の 130
％で残存する社
債を繰り上げ償
還できるコール
オプションが発
行体ソニーに付
与されている。

クーポンがゼロ

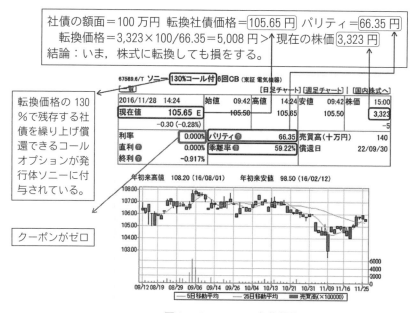

図 9 － 7　ソニーの転換社債

━━━━━━━━━━━━ 演 習 問 題 ━━━━━━━━━━━━

9.1 以下のカッコ内に当てはまる用語を入れなさい。同じ記号のカッコ内には同じ用語が入る。

(1) オプションとは，将来のある時点，またはそれ以前に，あらかじめ決められた価格すなわち（ a ）で（ b ）を買う（ c ）または売る（ c ）を売買する取引をいう。

(2) 原資産に日経平均株価や東証株価指数を使うオプションは，（ d ）オプションという。

(3) オプション価格（売買代金）を（ e ）といい，オプション取引を実行することを（ f ）するという。

9.2 株式 Δ 単位購入，無リスク資産 B 円購入することで，次の取引条件の株式オプションのペイオフを複製し，オプション価格を求める。

（株式オプション取引の条件）

- ヨーロピアンタイプ   ・プット取引
- 満期1年   ・現在の株価：100円
- 満期（1年後）の株価：上昇した場合120円，下落した場合80円のいずれか。
- 権利行使価格100円   ・無リスク金利10%

(1) 株式の購入単位と安全資産の売買金額 B（円）を求めなさい。

(2) 現在のオプション価格を求めなさい。

9.3 前掲のソニーの転換社債（ソニー130％コール付6回CB）の乖離率を実際に計算して確認しなさい。

第10章
財務諸表と財務指標

　この章では，財務諸表とそれから計算される財務指標を使って財務分析する方法について解説する。財務諸表の他，会社概要など企業分析をする上で有効な情報が記載されている有価証券報告書を活用する。

第1節　財務諸表

　財務3表とは，企業の財務諸表において重要な次の3つの計算書をいう。
- 貸借対照表（B／S）
   決算日時点の会社の財産や負債・純資産の状況を記載
- 損益計算書（P／L）
   会計期間内の売上高，費用，利益・損失の状況を記載
- キャッシュフロー計算書（C／S）
   会計期間内の「キャッシュ＝現金」の出入りの状況を記載

　金融商品取引法上，他に株主資本等変動計算書や附属明細表がある。財務指標は，主に損益計算書や貸借対照表上の数字の組み合わせで計算することが可能である。

◆有価証券報告書

　日本の企業数は409万社以上あるといわれている。その中で，金融商品取引法第24条にて規定されている下記の株式会社が，各事業年度終了後3ヵ月以内に金融庁へ提出が義務付けられている書類（財務諸表の他，会社の概況，事業内容，営業状況まで多岐にわたる情報を含む）が，**有価証券報告書**である。

- 証券取引所に株式を公開している会社
- 金融商品取引法第4条・5条に基づく有価証券届出書提出会社
   ⇒ 過去に1億円以上の有価証券の募集または売り出しを行った会社

・過去 5 年間，株券もしくは優先出資証券の保有者が 1,000 人以上の会社

上記に該当する会社は，上場会社 3,529 社（2016 年 6 月 27 日現在）および株主数が 1,000 名以上の未上場企業等の会社である。各社の有価証券報告書は，金融庁の EDINET（金融商品取引法に基づく有価証券報告書等の開示書類に関する電子開示システム）から誰でも入手することが可能である。

第 2 節　重要な財務指標

　いくつかある利益のうち，財務分析で重要な指標は**当期純利益**である。この金額により配当が決まるため，株価にも影響があり，投資家にとって最も重要な数値の 1 つとされる（図 10-1）。貸借対照表と損益計算書の関係で見ると，企業が事業投資を行うと，売上高や利益が損益計算書に計上される。そして，最終的な利益である当期純利益の一部は，貸借対照表の純資産の部に**利益剰余金**として計上され，株主に配当される（図 10-2）。

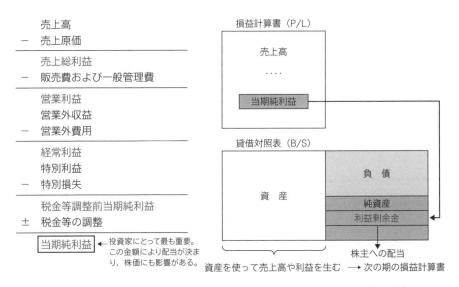

図 10-1　当期純利益の計算フロー　　　　図 10-2　当期純利益と利益剰余金

第 3 節　有価証券報告書の活用

　有価証券報告書を使い，特定企業の主な経営指標，企業概要，貸借対照表，損益計算書等について見ることにする。

例　セブン＆アイ・ホールディングス（以下，7&iHD）

◆主な経営指標等の推移

　まず，7&iHD の経営状況を主な経営指標等の推移から見ることにする（表10－1）。過去 5 期分の収益力，安全性等に関する経営状況の推移を見ることができる。

表 10－1　主な経営指標等の推移　連結対象会社すべて

回　次		第 7 期	第 8 期	第 9 期	第 10 期	第 11 期
決算年月		H 24 年 2 月	H 25 年 2 月	H 26 年 2 月	H 27 年 2 月	H 28 年 2 月
営業収益	（百万円）	4,786,344	4,991,642	5,631,820	6,038,948	6,045,704
経常利益	（百万円）	293,171	295,836	339,083	341,484	350,165
当期純利益	（百万円）	129,837	138,064	175,691	172,979	160,930
包括利益	（百万円）	125,504	196,778	277,175	272,582	144,603
純資産額	（百万円）	1,860,954	1,994,740	2,221,557	2,430,917	2,505,182
総資産額	（百万円）	3,889,358	4,262,397	4,811,380	5,234,705	5,441,691
1 株当たり純資産額	（円）	1,998.84	2,140.45	2,371.92	2,601.23	2,683.11
1 株当たり当期純利益金額	（円）	146.96	156.26	198.84	195.66	182.02
潜在株式調整後 1 株当たり当期純利益金額	（円）	146.88	156.15	198.69	195.48	181.84
自己資本比率	（％）	45.4	44.4	43.6	43.9	43.6
自己資本利益率	（％）	7.5	7.6	8.8	7.9	6.9
株価収益率（PER）	（倍）	15.3	17.3	19.2	23.4	24.7

　出所：7&iHD 2016 年 2 月期有価証券報告書。

◆企業の概要

　次に，7&iHD の企業概要を有価証券報告書から見ることにする（表10－2）。有価証券報告書を見ると，その企業の生い立ちや変遷等を知ることが可能である。

表 10－2　7&iHD の企業概要

年　月	摘　要
H 17 年 4 月	株式会社**セブン‐イレブン・ジャパン**，株式会社**イトーヨーカ堂**および株式会社**デニーズジャパン**（以下「3 社」）は共同して株式移転により完全親会社となる持株会社（当社）を設立することを取締役会で決議し，株式移転契約書を締結。
H 17 年 5 月	3 社の株主総会において株式移転による持株会社設立を承認。
H 17 年 9 月	当社設立。東京証券取引所市場第一部上場。
H 17 年 11 月	7-Eleven,Inc. の株式を，子会社を通じて公開買付により取得し，完全子会社化。
H 17 年 12 月	株式会社**ミレニアムリテイリング**と事業提携ならびに経営統合に関する基本合意書を締結。
H 18 年 1 月	株式会社ミレニアムリテイリングの株式 65.45％を取得し，同社の子会社である株式会社**そごう**，株式会社**西武百貨店**ほか 11 社が当社の子会社となる。
H 18 年 6 月	株式会社ミレニアムリテイリングの株式を追加取得した上で株式交換を行い，同社が完全子会社となる。
H 18 年 9 月	株式会社**ヨークベニマル**と株式交換を行い，同社が完全子会社となる。
H 19 年 1 月	レストラン事業分野の相乗効果を図るため，同事業分野 3 社（株式会社デニーズジャパン，株式会社ファミールおよびヨーク物産株式会社）を統合・再編することとし，これら 3 社の 100％親会社となる株式会社セブン＆アイ・フードシステムズを設立。
H 20 年 1 月	金融関連事業強化のため，同事業を統括する新会社株式会社**セブン＆アイ・フィナンシャル・グループ**を設立。
H 20 年 2 月	株式会社セブン銀行は，平成 20 年 2 月 29 日にジャスダック証券取引所（現東京証券取引所 JASDAQ（スタンダード））に上場。
H 20 年 7 月	IT 関連事業強化のため，同事業を統括する新会社株式会社セブン＆アイ・ネットメディアを設立。
H 21 年 6 月	一般用医薬品市場参入のため，株式会社**セブンヘルスケア**（現株式会社セブン美のガーデン）設立。
H 21 年 8 月	株式会社ミレニアムリテイリング，株式会社そごう，株式会社西武百貨店の 3 社を統合し，存続会社である株式会社そごうの商号を，株式会社そごう・西武に変更。
H 23 年 3 月	株式会社セブン＆アイ・フィナンシャル・グループは，株式会社 SE キャピタルと合併し解散，存続会社である株式会社 SE キャピタルは，商号を株式会社**セブン・フィナンシャルサービス**へ変更。
H 23 年 4 月	株式会社**セブン CS カードサービス**の株式 51.00％を取得し，同社が子会社となる。
H 23 年 12 月	株式会社**セブン銀行**は，H 23 年 12 月 26 日に東京証券取引所市場第一部に上場。
H 26 年 1 月	株式会社セブン＆アイ・ネットメディアは，株式会社**ニッセンホールディングス**の株式を公開買付けおよび第三者割当増資の引受けにより議決権の 50.74％を取得し，同社および同社の子会社 25 社が当社の連結子会社となる。

出所：7&iHD 2016 年 2 月期有価証券報告書。

◆貸借対照表　　表 10－ 3　7 &iHD の貸借対照表（単位：百万円）

	前連結会計年度 （平成 27 年 2 月 28 日）	当連結会計年度 （平成 28 年 2 月 29 日）
資産の部		
流動資産		
現金及び預金	933,959	1,099,990
コールローン	10,000	10,000
受取手形及び売掛金	340,792	354,554
営業貸付金	71,198	86,877
有価証券	100,001	80,000
商品及び製品	208,927	208,580
仕掛品	71	27
原材料及び貯蔵品	3,170	3,579
前払費用	48,585	48,849
ＡＴＭ仮払金	166,686	91,725
繰延税金資産	41,499	36,866
その他	213,653	232,319
貸倒引当金	△5,561	△5,404
流動資産合計	2,133,185	2,249,966
固定資産		
有形固定資産		
建物及び構築物	2,027,417	2,116,464
減価償却累計額	△1,201,585	△1,248,443
建物及び構築物（純額）	825,831	868,020
工具、器具及び備品	758,341	826,865
減価償却累計額	△487,013	△524,382
工具、器具及び備品（純額）	271,327	302,482
車両運搬具	4,114	2,953
減価償却累計額	△2,485	△2,115
車両運搬具（純額）	1,629	838
土地	2,725,562	2,746,729
リース資産	32,332	32,728
減価償却累計額	△19,102	△20,605
リース資産（純額）	13,229	12,123
建設仮勘定	39,369	42,161
有形固定資産合計	1,876,941	1,972,355
無形固定資産		
のれん	297,233	313,667
ソフトウェア	57,150	74,044
その他	152,620	157,959
無形固定資産合計	507,004	545,670
投資その他の資産		
投資有価証券	168,738	141,371
長期貸付金	16,361	15,795
長期差入保証金	401,206	395,979
建設協力立替金	1,210	6,340
退職給付に係る資産	40,889	26,059
繰延税金資産	28,382	27,636
その他	65,673	64,852
貸倒引当金	△4,984	△4,345
投資その他の資産合計	717,478	673,690
固定資産合計	3,101,424	3,191,716
繰延資産		
創立費	0	─
開業費	96	7
繰延資産合計	96	7
資産合計	5,234,705	5,441,691

	前連結会計年度 （平成 27 年 2 月 28 日）	当連結会計年度 （平成 28 年 2 月 29 日）
負債の部		
流動負債		
支払手形及び買掛金	261,746	251,403
加盟店買掛金	150,758	162,179
短期借入金	130,780	130,782
1年内償還予定の社債	59,999	40,000
1年内返済予定の長期借入金	78,013	101,329
未払法人税等	42,979	44,744
未払費用	104,284	108,696
預り金	149,610	157,530
ＡＴＭ仮受金	66,977	48,366
販売促進引当金	20,408	21,530
賞与引当金	12,893	13,432
役員賞与引当金	375	362
商品券回収損引当金	2,532	2,063
返品調整引当金	188	142
銀行業における預金	475,209	518,127
その他	278,035	280,211
流動負債合計	1,626,791	1,680,903
固定負債		
社債	319,992	399,994
長期借入金	367,467	360,864
繰延税金負債	63,536	64,859
役員退職慰労引当金	2,104	2,010
退職給付に係る負債	8,669	8,564
長期預り金	56,779	56,103
資産除去債務	67,068	72,034
その他	91,424	90,702
固定負債合計	976,997	1,055,605
負債合計	2,803,788	2,736,508
純資産の部		
株主資本		
資本金	50,000	50,000
資本剰余金	527,470	527,474
利益剰余金	1,622,090	1,717,771
自己株式	△5,883	△5,688
株主資本合計	2,193,677	2,289,557
その他の包括利益累計額		
その他有価証券評価差額金	21,571	20,655
繰延ヘッジ損益	557	33
為替換算調整勘定	80,342	70,927
退職給付に係る調整累計額	3,512	△8,900
その他の包括利益累計額合計	105,985	82,716
新株予約権	2,427	2,995
少数株主持分	128,827	129,912
純資産合計	2,430,917	2,505,182
負債純資産合計	5,234,705	5,441,691

たな卸資産＝商品及び製品＋仕掛品＋原材料及び貯蔵品

自己資本＝株主資本＋その他の包括利益累計額

出所：7&iHD 2016 年 2 月期有価証券報告書。

◆損益計算書　　表 10－ 4　7 &iHD の損益計算書（単位：百万円）

	前連結会計年度	当連結会計年度
営業収益	6,038,948	6,045,704
売上高	4,996,619	4,892,133
売上原価	3,926,210	3,803,968
売上総利益	1,070,408	1,088,164
営業収入	1,042,329	1,153,571
営業総利益	2,112,737	2,241,736
販売費及び一般管理費		
宣伝装飾費	165,645	176,335
従業員給与・賞与	438,849	461,658
賞与引当金繰入額	12,680	13,366
退職給付費用	13,297	11,846
法定福利費及び厚生費	57,515	62,580
地代家賃	318,485	342,128
減価償却費	164,020	186,538
水道光熱費	126,726	125,062
店舗管理・修繕費	67,671	73,230
その他	404,512	436,669
販売費及び一般管理費合計	1,769,405	1,889,415
営業利益	343,331	352,320
営業外収益		
受取利息	5,971	5,365
受取配当金	894	999
持分法による投資利益	─	1,958
その他	3,667	3,975
営業外収益合計	10,533	12,293

	前連結会計年度	当連結会計年度
営業外費用		
支払利息	6,700	6,965
社債利息	2,652	2,604
持分法による投資損失	362	─
為替差損	267	922
その他	2,397	3,965
営業外費用合計	12,381	14,448
経常利益	341,484	350,165
特別利益		
固定資産処分益	2,702	2,171
受取補償金	686	2,849
段階取得に係る差益	763	─
その他	683	1,081
特別利益合計	4,935	6,103
特別損失		
固定資産除却損	13,349	11,557
減損損失	15,220	22,691
事業構造改革費用	─	10,695
消費税等の支払に伴う費用	2,028	─
その他	5,527	7,848
特別損失合計	36,124	52,493
税金等調整前当期純利益	310,195	303,775
法人税、住民税及び事業税	123,421	124,031
法人税等調整額	4,222	11,062
法人税等合計	127,643	135,094
少数株主損益調整前当期純利益	182,551	168,681
少数株主利益	9,572	7,751
当期純利益	172,979	160,930

出所：7&iHD 2016 年 2 月期有価証券報告書。

◆配当金

　株主資本等変動計算書（貸借対照表の純資産の変動状況を表す財務諸表）から配当金を見る。

表 10－5　7＆iHD の配当金の計算（単位：百万円）

当事業年度（自平成 27 年 3 月 1 日 至平成 28 年 2 月 29 日）

配当金支払

	株主資本					
	資本金	資本剰余金			利益剰余金	
		資本準備金	その他資本剰余金	資本剰余金合計	その他利益剰余金 繰越利益剰余金	利益剰余金合計
当期首残高	50,000	875,496	370,754	1,246,251	170,541	170,541
当期変動額						
剰余金の配当					△66,309	△66,309
当期純利益					72,803	72,803
自己株式の取得						
自己株式の処分			4	4		
株主資本以外の項目の当期変動額（純額）						
当期変動額合計	−	−	4	4	6,493	6,493
当期末残高	50,000	875,496	370,759	1,246,255	177,034	177,034

	株主資本		評価・換算差額等		新株予約権	純資産合計
	自己株式	株主資本合計	その他有価証券評価差額金	評価・換算差額等合計		
当期首残高	△5,836	1,460,955	11,028	11,028	1,977	1,473,961
当期変動額						
剰余金の配当		△66,309				△66,309
当期純利益		72,803				72,803
自己株式の取得	△28	△28				△28
自己株式の処分	224	228				228
株主資本以外の項目の当期変動額（純額）			△543	△543	472	△71
当期変動額合計	195	6,693	△543	△543	472	6,622
当期末残高	△5,641	1,467,649	10,484	10,484	2,450	1,480,584

出所：7&iHD 2016 年 2 月期有価証券報告書。

　また，配当金の計算をする際，注記事項［（連結）連結株主資本等変動計算書関係］に詳細に記述されている。

表 10－6　注記事項による 7＆iHD の配当金の計算

当連結会計年度（自平成 27 年 3 月 1 日　至平成 28 年 2 月 29 日）

3　配当に関する事項(1)配当金支払額

決議	株式の種類	配当金の総額(百万円)	1株当たり配当額	基準日	効力発生日
平成27年5月28日定時株主総会	普通株式	32,269	36円50銭	平成27年2月28日	平成27年5月29日
平成27年10月8日取締役会	普通株式	34,040	38円50銭	平成27年8月31日	平成27年11月13日

合計66,309(百万円)　　合計75円

期中平均発行済株式数＝66,309/75=884.12(百万株)

出所：7&iHD 2016 年 2 月期有価証券報告書。

また，主要な経営指標等の推移に，配当金の推移が記述されている。

表 10 - 7　主要な経営指標等の推移による配当金の計算　持ち株会社分のみ

回次		第7期	第8期	第9期	第10期	第11期
決算年月		平成24年2月	平成25年2月	平成26年2月	平成27年2月	平成28年2月
営業収益	(百万円)	78,047	89,383	89,946	106,958	110,008
経常利益	(百万円)	68,030	78,421	79,116	94,667	90,341
当期純利益	(百万円)	72,211	79,955	77,953	95,119	72,803
資本金	(百万円)	50,000	50,000	50,000	50,000	50,000
発行済株式総数	(株)	886,441,983	886,441,983	886,441,983	886,441,983	886,441,983
純資産額	(百万円)	1,386,816	1,412,526	1,434,863	1,473,961	1,480,584
総資産額	(百万円)	1,885,163	1,915,367	1,942,587	1,954,539	1,941,937
1株当たり純資産額	(円)	1,568.50	1,597.27	1,621.27	1,664.97	1,671.77
1株当たり配当額 (うち1株当たり中間配当額)	(円)	62.00 (29.00)	64.00 (31.00)	68.00 (33.00)	73.00 (36.50)	85.00 (38.50)

> 配当の実際の支払はずれている。
> H26年10月：36.5円、○H27年4月：36.5円、○H27年10月：38.5円、H28年4月：
> 46.5円。よって、H28年2月期（H27年3月1日～H28年2月29日）の1株あたりの配当
> 金＝36.5+38.5=75円（表10−6の数字と一致）≠85円（表10−7の第11期の数字）

> 期中に株式数の増減がなく、自己株式もない場合は、期末発行済株式総数と期中平
> 均発行済株式数は一致する。しかしながら、当社は自己株式があるので一致しない。
> 　　　期末：886.44（百万株）≠期中平均：884.12（百万株）

出所：7&iHD 2016 年 2 月期有価証券報告書。

◆セグメント情報

　以下の会社については，セグメント情報を見ることも重要である。

　・事業を多角化している会社

　・海外展開している会社

　セグメント情報には，地域別セグメントと事業別セグメントがある。
7&iHD の事業をセグメント別に見ると（表10 - 8），コンビニエンスストア事
業を担うセブンイレブンの売上高は，スーパーストア事業を担うイトーヨーカ
堂およびヨークマートの売上高に比べて 36％ 多いに過ぎないが，利益率で見
ると，前者が 10.14％で，後者が 0.965％となっており，実に 10 倍以上の差が
生じていることがわかる。また，金融関連事業では，営業収益が 1,466 億円で
あるのに対して，利益が 472 億円と，スーパーストア事業よりも利益率がかな
り高いことがわかる。

表10－8　7&iHD のセグメント情報（単位：百万円）

┌─ 小売業やサービス業などの一部の業種では、「売上高」を営業収益という。

	報告セグメント							計	調整額	連結財務諸表計上額
	コンビニエンスストア事業	スーパーストア事業	百貨店事業	フードサービス事業	金融関連事業	通信販売事業	その他の事業			
営業収益										
外部顧客への営業収益	2,727,130	2,003,785	872,650	80,209	146,593	185,525	23,053	6,038,948	—	6,038,948
セグメント間の内部営業収益又は振替高	650	8,390	2,376	770	31,628	277	30,844	74,937	△74,937	—
計	2,727,780	2,012,176	875,027	80,980	178,221	185,802	53,897	6,113,886	△74,937	6,038,948
セグメント利益又は損失（△）	276,745	19,340	7,059	44	47,182	△7,521	3,669	346,520	△3,188	343,331

セグメント別の売上高営業利益率：セブンイレブン：10.14%，イトーヨーカ堂・ヨークマート：0.965%

出所：7&iHD 2016 年 2 月期有価証券報告書。

第4節　財務指標

　財務指標は財務諸表の数字の組み合わせにより，作成することが可能であるが，大別すると，次のような分類になる。

（1）収益性指標

　ROE，ROA など，企業の収益力を表す指標。最近，ROE をタイトルとする書籍が多数出るなど話題となっている。

（2）安全性指標

　企業の支払能力を表す指標。支払能力は，「短期支払能力」と「長期支払能力」に分類される。

（3）効率性指標

　総資産や個々の資産（有形固定資産，たな卸資産等）の活用度を示す指標。

（4）成長性指標

　「収益性」「安全性」「効率性」は，企業の実態を1時点（1期間）で判断する指標であるが，企業の成長性を時系列的に捉えるのが「成長性」の指標である。指標としては，売上高，営業利益，当期純利益，総資産，自己資本等の増収率，増益率が挙げられる。

第 5 節　ROE

ROE は代表的な収益性指標であるが，その分子と分母の構成は図 10－3 の通りである。企業が利益を上げると，当期純利益の一部は翌期に株主資本に組み込まれるため，同程度の当期純利益を挙げていると，年々，ROE の値は小さくなっていく。

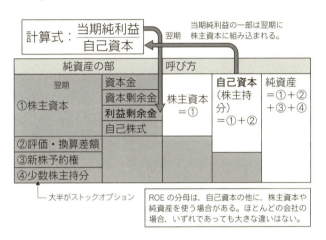

図 10－3　ROE の構成

◆伊藤レポートほか

伊藤レポートとは，2014 年 8 月公表の経済産業省「持続的成長への競争力とインセンティブ〜企業と投資家の望ましい関係構築〜」プロジェクト報告書を指す。このレポートには，ROE に関して，『**最低限 8％を上回る ROE** を達成することに各企業はコミットするべきである』とコメントされている。これにより，多くの企業の中期経営計画に 8％を上回る ROE を目標値として設定させることに成功した。

また，議決権行使助言会社の ISS は，2015 年度版「議決権行使助言方針」で，「過去 5 年間の平均と直近決算期の何れも 5％未満の企業については，経営トップの取締役選任議案に反対するよう株主に勧める」方針を打ち出した。

◆ROE が高い企業は本当に優良企業だろうか？

ROE を高めるには，分子の当期純利益を上げるか，分母の株主資本を下げ

るかのいずれかである。現在，多くの企業がやっているのは，後者の方法の1つで，「自社株買い」である。自社株買いを行うと，「株主資本」の「自己株式」の項目にその分マイナスとして計上される。この場合，将来的には，消却する企業が多い。

　一方，自社株買いをやりすぎると純資産が減少し，また，自己資本比率が低下するため，会社の安全性が問題になる。

◆ROE の平均回帰性

　現在，ROE が高い企業は，将来も高い水準を維持できるだろうか。この疑問に答えるために，上場会社 3,500 社を対象とした ROE の時系列推移を見ることにする。2010 年度の各社の ROE を昇順に並べて，低い方から高い方に 5 分割し，5 つのグループを作成する。翌年以降は，グループを固定したまま，時系列推移を作図した（図10－4）。

　図 10－4 から次のような点がいえる。

・過去の ROE を見て投資しても成果は上がらない。

・日本企業の ROE は平均的水準に収まっていく（**ROE の平均回帰性**）。高ROE 企業は次第に ROE が低下，低 ROE 企業は次第に上昇した。下位 20％～40％のグループ（凡例：40％）は一旦上昇して再び低下した。

　ここで，高 ROE 銘柄への投資が振わない理由として，以下のような点が考えられる。

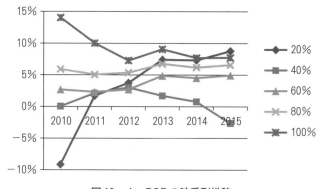

図10－4　ROE の時系列推移

- 実績 ROE が高い銘柄の多くは，株価が資本効率の高さを織り込み済である。
- 日本株市場では，高 ROE 銘柄等より割安株が好まれてきた。
- 日本では，高い ROE を維持できる企業が少ない。ROE の高い企業は稼ぐほど，分母の自己資本が増えて ROE の低下圧力が増す。利益率の高い事業への投資で ROE を維持したくとも，そうした事業は容易には見つからない。一方，低 ROE 企業も景気や市況が回復すると，ROE がそこそこ回復する。

そこで，今度は，ROE のデュポン分解により構成要素に分解して考える。

◆デュポン分解

ROE を，売上高純利益率，総資産回転率，および財務レバレッジの3要素に分解することをいう。

$$\underbrace{\frac{当期純利益}{自己資本}}_{\text{ROE}} = \underbrace{\frac{当期純利益}{売上高}}_{\substack{売上高当期\\純利益率}} \times \underbrace{\frac{売上高}{総資産}}_{総資産回転率} \times \underbrace{\frac{総資産}{自己資本}}_{財務レバレッジ}$$

3要素の時系列推移と米国企業の各要素の平均値との比較を図 10 - 5 に示す。この図を見ると，総資産回転率と財務レバレッジは，米国企業と比べて遜

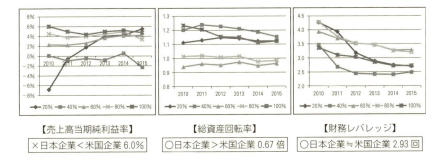

図 10 - 5　デュポン分解した3指標の時系列推移

出所：日本企業のデータは，eol データベースから得た上場会社 3,500 社で著者作成。米国データは，SMBC 日興証券調査，金融を除く時価総額上位百社。

色ないが，売上高当期純利益率が劣っていることがわかる。結局，日本企業の
ROEが振わない理由は，売上高当期純利益率が米国企業に比べて低いからと
いうことになるが，その要因は，売上高当期純利益率を押し下げる過大な販売
管理費の存在が考えられる。

第6節 ROA

ROA（総資産利益率）は，会社の総資産がどれだけ有効に活用され，利益を
あげることができたかを表す指標であり，次式で定義される。

$$\text{ROA} = \frac{\text{当期純利益}}{\text{総資産}}$$

ここで，ROAをデュポン分解すると，売上高当期純利益率と総資産回転率に
分解される。

$$\text{ROA} = \underbrace{\frac{\text{当期純利益}}{\text{売上高}}}_{\substack{\text{売上高当期} \\ \text{純利益率}}} \times \underbrace{\frac{\text{売上高}}{\text{総資産}}}_{\text{総資産回転率}}$$

◆ROAとROEの関係

$$\text{ROE} = \frac{\text{当期純利益}}{\text{売上高}} \times \frac{\text{売上高}}{\text{総資産}} \times \frac{\text{総資産}}{\text{自己資本}} = \text{ROA} \times \boxed{\text{財務レバレッジ}}$$

（自己資本比率の逆数）

この式を見るとわかるように，ROEを上げるには，ROAを高めるか，財務
レバレッジを高めることになる。一方，同じ利益を出していても，自己資本比
率が低いほど高まるが，安全性の問題が発生する可能性がある。結局，ROA
を高めることによって，ROEを高めることが重要である。

また，ROAとROEをコストとの関係で見ると，図10−6のような対応関
係がある。会社が利益を上げていくには，ROAは会社の資本コストである
WACC以上でなければならない。また，株式の投資利回りであるROEは，
株式資本コストを反映した株主の期待利回り以上でなければならない。株主の
期待利回りの平均は7％程度といわれており，伊藤レポートでは，それを上回

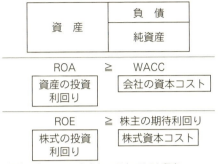

図 10－6　ROA および ROE とコストとの対応

る 8 ％以上の ROE を目標とすることを企業に求めている。

第 7 節　その他財務指標

◆株価・配当に関する財務指標

・PER（株価収益率）（倍）＝ $\dfrac{株価}{1 株当たりの当期純利益}$

　　株価が 1 株当たり当期純利益の何倍になっているかを示す指標。一般に PER が高いと利益に比べて株価が割高，低ければ割安とされる。ただし，何倍なら妥当という水準を示すものではないため，相対的な投資指標と考えると良い。

・PBR（株価純資産倍率）（倍）＝ $\dfrac{株価}{1 株当たりの純資産}$

　　株価が 1 株当たり純資産の何倍になっているかを示す指標。PBR が 1 倍に近づくほど，株価が割安であることを示し，1 倍以下になると，株価が株主資本を下回ることを意味する。

・配当性向＝ $\dfrac{配当金支払額}{当期純利益}$

　　年間の当期純利益に占める配当金の支払総額の割合を示す指標。

・配当利回り $=\dfrac{1株当たりの年間配当金}{株価}$

　1株当たりの年間配当金が，権利確定日の株価の何%に相当するかを示す指標。配当金は会社の業績に応じて支払われるため，投資の時点で配当利回りは確定していない。

◆収益性に関する指標（ROA，ROE以外）

・売上高営業利益率 $=\dfrac{営業利益}{売上高}$

　売上高に対する営業利益の比率を求めることにより，会社本来の営業活動に基づく収益力を表す指標。

・売上高経常利益率 $=\dfrac{経常利益}{売上高}$

　売上高に対する経常利益の比率を求めることにより，会社本来の営業活動と金融活動などの付随的営業活動を合わせた収益力を表す指標。

　この他，指標の分子の利益として，売上総利益，当期純利益等があるが，いずれの利益率も産業ごとに大きく異なる。

例　売上高営業利益率は，商社 1.7% vs 通信 13.8%

◆安全性に関する指標

・自己資本比率 $=\dfrac{自己資本}{総資本}$

　会社の長期的な支払能力や会社全体としての安全性を表す。総資本に占める自己資本の割合を示す指標。自己資本が高いほど資本構成が安定しており，会社経営の安全度が高いことを表す。

・流動比率 $=\dfrac{流動資産}{流動負債}$

　会社の短期的な支払能力を表す。流動比率が高い方が，安全性が高く，支払手形，買掛金，短期借入金などのように比較的短期間に返済しなければならない流動負債に対して，現預金，受取手形，売掛金，短期貸付金のように短期間のうちに現金化できる資産がどれだけあるかを示す。

- 固定比率＝$\dfrac{\text{固定資産}}{\text{自己資本}}$

　固定資産がどれだけ自己資本で賄われているかを表す指標。固定比率は低い方が好ましく，100％以下が望ましい。

- 負債比率＝$\dfrac{\text{負債}}{\text{自己資本}}$

　自己資本に対する有利子負債の割合を表す指標。自己資本は返済の必要のない資本なので，負債比率が低いほど，自己資本が充実しており，財務の安全性が高いといえる。

◆資本の効率性に関する指標

- 総資本回転率（回）＝$\dfrac{\text{売上高}}{\text{総資本}}$

　会社が保有している資本が売上高との比較で何回転したかを示す資本の効率性を表す指標。

- 自己資本回転率（回）＝$\dfrac{\text{売上高}}{\text{自己資本}}$

　会社が保有している自己資本が売上高との比較で，何回転したかを示す自己資本の効率性を表す指標。この比率は，商業が高く，製造業が低く出る傾向があるため，異業種間での比較には注意を要する。

- たな卸資産回転率（回）＝$\dfrac{\text{売上高}}{\text{たな卸資産}}$

　会社が保有しているたな卸資産（原材料，商品等）が売上高との比較で何回転したかを示す資本の効率性を表す指標。例えば，商業の場合，商品の仕入から代金の回収までの期間が短く，回転数が高いほど効率が良いと言える。

◆財務指標の数値例

例 これまで検討した財務指標を，7&iHD について計算する

表 10－9　7&iHD の財務指標（2016 年 2 月期）

ROE＝当期純利益／自己資本	6.8%
ROA＝当期純利益／総資産	3.0%
PER（株価収益率）（倍）＝株価／1 株当たりの当期純利益	24.7 倍
PBR（株価純資産倍率）（倍）＝株価／1 株当たりの純資産	1.6 倍
配当性向＝配当金支払額／当期純利益	41.2%
配当利回り＝1 株当たりの年間配当金／株価	1.7%
売上高営業利益率＝営業利益／売上高	7.20%
売上高経常利益率＝経常利益／売上高	7.16%
自己資本比率＝自己資本／総資本	43.6%
流動比率＝流動資産／流動負債	119.6%
固定比率＝固定資産／自己資本	106.1%
負債比率＝負債／自己資本	123.8%
総資本回転率（回）＝売上高／総資本	0.90 回
自己資本回転率（回）＝売上高／自己資本	2.06 回
たな卸資産回転率（回）＝売上高／たな卸資産	23.06 回

━━━━━━━━━━━━　演 習 問 題　━━━━━━━━━━━━

10.1　7&iHD の 2016 年 2 月期の連結財務諸表から，以下の財務指標を計算しなさい。
　　（a）当座比率＝当座資産／流動負債
　　（b）手元流動性＝（現預金＋流動資産の有価証券）／月商
　　（c）有利子負債＝流動負債の中の「短期借入金」「コマーシャル・ペーパー」「1
　　　　年内返済予定の長期借入金」「1 年内償還予定の社債」「1 年内償還予定の
　　　　新株予約権付社債」，固定負債の中の「社債」「長期借入金」「リース債務」
　　　　の合計金額
　　（d）EBITDA注＝営業利益＋減価償却費
　　　　（注）利払い・税金支払い・減価償却前利益
　　（e）ROE のデュポン分解による 3 要素の値をすべて計算しなさい。

第11章
財務計画

この章では，企業の財務活動に必要な財務計画と現金サイクルについて解説する。

第1節　財務計画

企業の財務活動に関する計画を総称して**財務計画**という。企業活動のための資本の調達と運用に関するすべての計画をいい，**短期財務計画**と**長期財務計画**からなる。短期財務計画は，現金収支を時間的，金額的に適合させるための資金収支計画であり，**現金収支予算**ともいう。

短期財務計画における財務判断として，一般に期間の短い資産や負債に関するものや，容易に元に戻せる性格のもの（例：30日間の銀行借入れ）が考慮される。企業は必要とする資金を調達するために，財務計画により，**累積必要資本額**を予測し，その金額を短期の資金調達源と長期の資金調達源で賄うことを考える（図11－1）。長期の資金調達戦略Aでは，常に累積必要資金額を上回る資金を保有する。Bでは，不足する時期が発生し，短期の資金調達で補う。C

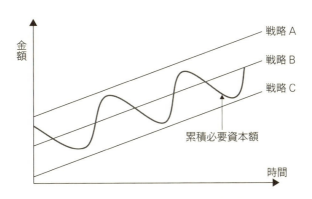

図11－1　累積必要資本額の調達戦略

では，常に短期の資金調達が必要となる。

◆累積資本必要額と資金調達の関係
　・固定資産（設備，機械など）への投資
　　　長期借入れと株主資本で賄う。
　・流動資産への投資
　　（1）たな卸資産：製品が製造・販売され，代金を回収して初めて現金化
　　　　する。
　　（2）売掛金：顧客が受け取った勘定の支払をすれば，現金化する。
　　（3）短期の有価証券：企業が急に現金が必要となった場合，一般に売却
　　　　することが可能である。

◆現金準備
　企業が投資のために多額の現金を保有することのメリットとデメリットを考
えることにする。
　・メリット
　　　小規模企業にとっては，短期間の資金集めは比較的コスト高のため，メ
　　　リットあり。
　・デメリット
　　（1）市場性のある有価証券の保有は，納税している企業にとって，良く
　　　　ても純現在価値ゼロに近い投資（＋：利子の受取，－：法人税の支払）
　　　　でメリットが少ない。
　　（2）多額の現金余剰の企業は，営業損失の穴埋めのために現金を使うか
　　　　もしれない。

　　　　　例　2007年末のGMは，現金と短期投資で270億ドル保有してい
　　　　　　　た。株主はその株式を140億ドル以下にしか評価していなか
　　　　　　　った。なぜなら，生じつつある損失を埋め，同社の巨額の負
　　　　　　　債にあてられるだろうと，株主が認識していたためである。

◆現金の変動
　現金の変動を貸借対照表によって把握することを考える。表11－1は，7&iHD
の連結貸借対照表であるが，現金の変動は現預金残高の変動により把握するこ

表 11－1　7&iHD の現金の変動

（単位：百万円）

	前連結会計年度 （平成27年2月28日）	当連結会計年度 （平成28年2月29日）
資産の部		
流動資産		
現金及び預金	933,959	1,099,990
コールローン	10,000	10,000
受取手形及び売掛金	340,792	354,554
営業貸付金	71,198	86,877
有価証券	100,001	80,000
商品及び製品	208,927	208,580
仕掛品	71	27
原材料及び貯蔵品	3,170	3,579
前払費用	48,585	48,849
ＡＴＭ仮払金	166,686	91,725
繰延税金資産	41,489	38,866
その他	213,653	232,319
貸倒引当金	△5,381	△5,404
流動資産合計	2,133,185	2,249,966
固定資産		
有形固定資産		
建物及び構築物	2,027,417	2,118,484
減価償却累計額	△1,201,585	△1,249,443
建物及び構築物（純額）	※2 825,831	※2 866,020
工具、器具及び備品	758,341	828,885
減価償却累計額	△487,013	△524,382
工具、器具及び備品（純額）	271,327	302,482
車両運搬具	4,114	2,953
減価償却累計額	△2,485	△2,115
車両運搬具（純額）	1,659	838
土地	※2 2,725,553	※2 2,746,723
リース資産	32,332	32,728
減価償却累計額	△19,102	△20,605
リース資産（純額）	13,229	12,123
建設仮勘定	39,369	42,161
有形固定資産合計	1,878,941	1,972,355
無形固定資産		
のれん	297,233	313,687
ソフトウエア	57,150	74,044
その他	152,620	157,959
無形固定資産合計	507,004	545,670

	前連結会計年度 （平成27年2月28日）	当連結会計年度 （平成28年2月29日）
投資その他の資産		
投資有価証券	※1、※2、※5 168,738	※1、※2、※5 141,371
長期貸付金	16,381	15,795
長期差入保証金	※2 401,206	※2 395,979
建設協力立替金	1,210	6,340
退職給付に係る資産	40,889	26,059
繰延税金資産	28,382	27,636
その他	65,673	64,852
貸倒引当金	△4,984	△4,345
投資その他の資産合計	717,478	673,690
固定資産合計	3,101,424	3,191,716
繰延資産		
創立費	0	―
開業費	96	7
繰延資産合計	96	7
資産合計	5,234,705	5,441,691

現預金残高：933,959 百万円（H 27）から 1,099,990 百万円（H 28）に，166,031 百万円増加

原因：長期社債の発行，再投資された利益，在庫の圧縮により浮いた現金，あるいは納入業者による追加的な信用供与？

出所：7&iHD 2016 年 2 月期 連結貸借対照表。

とが可能である。当社は，H 27 年度から H 28 年度にかけて，現預金残高が 166,031 百万円増加したが，この増加の理由が，長期社債の発行によるものか，再投資された利益なのか，在庫の圧縮により浮いた現金なのか，あるいは納入業者による追加的な信用供与によるものか判断することができない。

◆現金の変動とキャッシュフロー計算書

表 11－1 の B／S の現金の変動は，キャッシュフロー計算書を見ればわかる。キャッシュフロー計算書では，企業が稼げば営業活動によるキャッシュフローがプラスに計上され，その稼いだおカネを使う投資活動や財務活動によるキャッシュフローはマイナスに計上される。両者のバランスがよければ，総キャッシュフローはプラスになることがわかる。

そこで，例として，7&iHD のキャッシュフロー計算書を見ることにする（表 11－2）。営業活動によるキャッシュフローは，純利益に減価償却費を足し

118

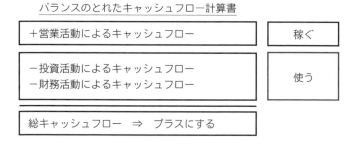

図 11－2　キャッシュフロー計算書の構成

戻して計算される。また，現金の純増は表示されない。営業活動から得る現金の増加は，売掛金（資産）の増加により相殺される。その後，代金が支払われると，現金残高が増加する。また，財務活動によるキャッシュフローを見ると，現金及び現金同等物の期末残高（d）は，現金及び現金同等物の期首残高（b）と現金及び現金同等物の増減額他（a, c）の和によって計算され，その数字は注記事項の「現金及び現金同等物」の数字と一致することがわかる。

第 2 節　現金サイクル

現金サイクル（キャッシュ・コンバージョン・サイクル：Cash Conversion Cycle（CCC）ともいう）について解説する。企業における一般的な活動の流れは，小売業や卸売業であれば商品の仕入を行い，製造業や飲食業であれば原材料から製品等を製造し，一定期間をかけて店舗等で販売し，その後，顧客から代金を回収する流れである。

現金サイクルとは，「現金（キャッシュ）→ 商品仕入（製造）→ 支払い → 販売 → 回収」という一連の現金循環のサイクルにおける各過程の回転日数に基づいて，**運転資金回転期間**を明らかにする指標である（図 11－3）。米アップルをはじめ米国企業では，CCC は経営指標として浸透しており，2012 年 1 月 17日付日本経済新聞の記事（図 11－4）には，米アップルの CCC が**マイナス 20日**という記事が掲載されている。この数字から，同社が iPhone や iPad などの製品を製造する前からキャッシュを手にしているということがわかる。

表 11－2　7＆iHD の連結キャッシュフロー計算書（単位：百万円）

	前連結会計年度 (自 平成26年3月1日 至 平成27年2月28日)	当連結会計年度 (自 平成27年3月1日 至 平成28年2月29日)
営業活動によるキャッシュ・フロー		
税金等調整前当期純利益	310,195	303,775
減価償却費	172,237	195,511
減損損失	15,220	28,800
のれん償却額	18,894	23,110
賞与引当金の増減額（△は減少）	△2,030	540
退職給付に係る資産の増減額（△は増加）	△1,664	△3,685
受取利息及び受取配当金	△6,865	△6,360
支払利息及び社債利息	9,353	9,559
持分法による投資損益（△は益）	362	△1,958
固定資産売却益	△2,702	△2,171
固定資産廃棄損	13,349	12,068
売上債権の増減額（△は増加）	△9,186	△13,765
営業貸付金の増減額（△は増加）	△4,968	△15,678
たな卸資産の増減額（△は増加）	△806	△141
仕入債務の増減額（△は減少）	19,181	5,556
預り金の増減額（△は減少）	33,451	7,433
銀行業における借入金の純増減（△は減少）	△9,000	△1,000
銀行業における社債の純増減（△は減少）	△5,000	―
銀行業における預金の純増減（△は減少）	72,146	42,918
銀行業におけるコールマネーの純増減（△は減少）	△20,000	―
ATM未決済資金の純増減（△は増加）	△39,428	56,349
その他	5,651	△20,686
小計	568,393	620,176
利息及び配当金の受取額	4,067	4,018
利息の支払額	△9,369	△9,552
法人税等の支払額	△146,400	△125,668
営業活動によるキャッシュ・フロー	416,690	488,973

	前連結会計 年度	当連結会計 年度
投資活動によるキャッシュ・フロー		
有形固定資産の取得による支出	△276,351	△304,501
有形固定資産の売却による収入	12,747	31,986
無形固定資産の取得による支出	△30,551	△42,937
投資有価証券の取得による支出	△23,602	△23,710
投資有価証券の売却による収入	54,334	50,815
子会社株式の取得による支出	△444	△56
連結の範囲の変更を伴う子会社株式の取得による支出	△6,373	―
連結の範囲の変更を伴う子会社株式の売却による収入	3,377	―
差入保証金の差入による支出	△25,789	△32,219
差入保証金の回収による収入	35,163	35,613
預り保証金の受入による収入	4,571	2,966
預り保証金の返還による支出	△2,346	△2,637
事業取得による支出	△909	△48,479
定期預金の預入による支出	△28,379	△13,478
定期預金の払戻による収入	20,398	13,188
その他	△3,079	△2,498
投資活動によるキャッシュ・フロー	△270,235	△335,949

	前連結会計 年度	当連結会計 年度
財務活動によるキャッシュ・フロー		
短期借入金の純増減額（△は減少）	13,122	△20
長期借入れによる収入	88,650	96,550
長期借入金の返済による支出	△97,538	△70,903
コマーシャル・ペーパーの発行による収入	13,011	6,114
コマーシャル・ペーパーの償還による支出	△13,011	△6,114
社債の発行による収入	―	119,679
社債の償還による支出	―	△60,000
配当金の支払額	△63,150	△66,289
少数株主からの払込みによる収入	26	―
少数株主への配当金の支払額	△5,627	△5,792
その他	△14,966	△15,536
財務活動によるキャッシュ・フロー	△79,482	△2,312
現金及び現金同等物に係る換算差額	12,422	△3,880
a 現金及び現金同等物の増減額（△は減少）	79,395	146,830
b 現金及び現金同等物の期首残高	921,432	1,000,762
c 連結除外に伴う現金及び現金同等物の減少額	△65	△506
d 現金及び現金同等物の期末残高	1,000,762	1,147,086

現金及び現金同等物の期末残高(d)＝現金及び現金同等物の期首残高(b)＋現金及び現金同等物の増減額他(a, c)

【注記事項】

現金及び現金同等物の期末残高と連結貸借対照表に掲記されている科目の金額との関係

		H27年2月末	H28年2月末	差
①	現金及び預金	933,959	1,099,990	166,031
②	有価証券勘定に含まれる譲渡性預金	100,000	80,000	△20,000
③	預入期間が3ヶ月を超える定期預金及び譲渡性預金	△33,197	△32,903	294
	合計　現金及び現金同等物	1,000,762	1,147,086	146,324

146,830 － 506 ＝ 146,324

出所：7&iHD 2016 年 2 月期 連結キャッシュフロー計算書。

図 11－3　現金サイクル（運転資金回転期間）

図11－4　現金サイクル（CCC）

出所：2012年1月17日　日本経済新聞朝刊。

例　任天堂の現金サイクル

　同社の 2016 年 3 月期の連結財務諸表を使って，現金サイクルを計算する。同社および同社の関係会社（同社，子会社 27 社および関連会社 5 社）の 2016 年 3 月期の数値（単位：百万円）を用いる。ただし，期首の数値については，前期末 2015 年 3 月期末の数値を用いる。

$$たな卸資産平均日数 = \frac{期首のたな卸資産^{21)}}{1日当たりの売上原価} = \frac{76,897}{\dfrac{283,494}{365}} = 99.0 \, 日$$

$$平均債権回収期間 = \frac{期首の売上債権（＝受取手形＋売掛金）}{1日当たりの平均売上高} = \frac{55,794}{\dfrac{504,459}{365}}$$

$$= 40.4 \, 日$$

---

21)　たな卸資産＝商品及び製品＋仕掛品＋原材料及び貯蔵品

$$平均支払期間 = \frac{期首の支払債務（＝支払手形＋買掛金）}{1 日当たりの売上原価} = \frac{58,464}{\frac{283,494}{365}} = 75.3 \text{ 日}$$

$$現金サイクル（日数）= たな卸資産平均日数 ＋ 平均債権回収期間$$
$$- 平均支払期間$$
$$= 99.0 + 40.4 - 75.3 = 64.1 \text{ 日}$$

　同社は，外部の生産パートナーから納品された製品[22]の代金を 75.3 日目に支払い（平均支払期間 75.3 日），一方，99.0 日目までに製品は販売され（たな卸資産平均日数 99.0 日），それから 40.4 日後の 139.4 日目に販売店からの支払いを受ける。したがって，現金は 75.3 日目に出て行き，139.4 日目まで戻ってこない。この間の 64.1 日間が現金サイクルである。

第 3 節　短期財務計画

　短期の資金調達の選択肢として，銀行借入れか支払いの繰延べが考えられる。したがって，短期財務計画策定に関しては，大企業では，短期財務計画モデルの構築，小規模企業では，表計算ソフトで計算するのが一般的である。いずれの場合も，財務担当者による現金需要，現金余剰の予測，利率，信用供与限度額を決定することが必要である。

　短期財務計画の評価では，流動比率や当座比率が適切か，支払いの繰延べをする場合に見えないコストはないのか，事業計画や投資計画を調整することにより，短期の資金調達の問題を緩和できないか，というポイントが重要となる。

第 4 節　長期財務計画

　長期財務計画の策定は，資本収支予算の大枠を見るもので，細部にとらわれる必要はない。事業の種類別に投資の焦点を当てることになる。

---

22)　同社は，自社で原材料や部品の加工をしたり，製品を組み立てたりする設備を持たず，外部の生産パートナーに製品生産に関わる業務を委託する事業形態をとっている。

122

長期財務計画策定の意義として，以下の3点が挙げられる。

（1）非常事態に関する計画

個々のプロジェクトと企業全体について，さまざまな方法で，シナリオ（もしも，〜したら）を作成する。

（2）オプションの検討

計画担当者は，その会社の持てる強みを生かして，新規分野への参入機会を検討する。

> **例** 新日本製鉄（現新日鉄住金）が製鉄システム関連のシステムインテグレーション（SI）で培った技術を生かして，SI事業を展開し，今は分社化（新日鉄住金ソリューションズ）

（3）一貫性の検討

財務計画は，企業の成長計画と資金需要をつなげるものである。例えば，成長率が25％（相応に大きい数字）であれば，有価証券を発行して資本支出を賄う必要があるかもしれない。しかしながら，成長率5％（そこそこの数字）であれば，内部留保だけで資本支出を賄えるかもしれない。

演習問題

11.1 ファナックの平成28年3月期の連結財務諸表から，たな卸資産平均日数，平均債権回収期間，平均支払期間，および現金サイクル（日数）を計算しなさい。

前連結会計年度（自 平成26年4月1日 至 平成27年3月31日）
当連結会計年度（自 平成27年4月1日 至 平成28年3月31日）

〈一部抜粋〉 （単位：百万円）

貸借対照表 資産の部	前年度	当年度	貸借対照表 負債の部	前年度	当年度
流動資産			流動負債		
現金及び預金	871,236	686,662	支払手形及び買掛金	40,572	24,815
受取手形及び売掛金	135,127	100,307	未払法人税等	72,219	17,199
有価証券	120,000	145,000	アフターサービス引当金	6,546	6,676
商品及び製品	54,280	52,736	その他	53,274	57,426
仕掛品	42,859	39,206	流動負債合計	172,611	106,116
原材料及び貯蔵品	11,662	11,124			
繰延税金資産	26,686	23,107	損益計算書	前年度	当年度
その他	13,669	16,196	売上高	729,760	623,418
貸倒引当金	△2,164	△1,568	売上原価	350,746	326,912
流動資産合計	1,273,355	1,072,770	売上総利益	379,014	296,506
			販売費及び一般管理費	81,175	80,939
			営業利益	297,839	215,567

第12章
M&A

　この章では，企業の M&A について解説する。M&A とは，合併（Merger：M）と買収（Acquisition：A）をいう。近年，M&A は事業戦略の一環として活発化しており，コーポレート・ファイナンスの重要テーマの１つである。

第1節　M&A の分類
　M&A は，次のような合併と買収をいう。
◆合　併
　２つ以上の会社が１つの会社になることをいう。
◆買　収
・株式買収
　　買収元企業が，買収先企業の株式を現金または株式交換により取得し，一定割合以上を保有することで，買収先企業の支配権を得ること。買収先企業はなくならない。
・資産買収
　　会社の事業や資産を個別に買い取って，ブランドや負債，契約，従業員等を引き継ぐこと。
その他，広義の M&A には，提携（資本参加，業務提携）が含まれる。
ここで，M&A はいくつかの視点で分類することが可能である。
（１）企業統合による分類
・水平的 M&A
　　同じ事業を行っている２つの企業の組み合わせによる M&A をいう。
　例　バンク・オブ・アメリカによるメリルリンチの買収，日本航空と日本エアシステムの経営統合，川崎製鉄と日本鋼管の経営統合

・**垂直的 M&A**

　　生産の異なる段階にある企業を取り込む M&A をいう。買収企業
は，原材料の供給元の方向，または最終的な顧客の方向に事業を拡
大する。

　　　例　　オランダのトムトム（カーナビゲーション・システムの世界最大
　　　メーカー）による同国テレアトラスの買収（デジタル地図データ
　　　タ）。トムトムのシステムにテレアトラスの地図データをリアル
　　　タイムにアップデート

・**コングロマリット型 M&A**

　　関連のない業種の企業を取り込む合併をいう。1960 年代〜1970 年
代の主要な合併のほとんどはこのタイプである。最近は，米国や他
の先進国では，このタイプは大きく低下した。

（2）企業の所在地による分類

　　次に，M&A を実施する企業の所在地による分類を行う。

　　・In−In　　：国内企業による国内企業の M&A
　　・In−Out：国内企業による海外企業の M&A
　　・Out−In：海外企業による国内企業の M&A

なお，Out−Out というタイプは通常聞かれない。

第 2 節　M&A の事例

◆日本企業による海外 M&A（In−Out）

　日本企業が海外企業に対して行った M&A は，2015 年，件数で 560 件，金
額で 11 兆 1,975 億円に達し，いずれも過去最高であった（図 12− 1）。地域別
では，北米 177 件（対 2014 年度 11.3%増），欧州 136 件（同 16.2%増）と好調で
あったのに対して，アジアでは 194 件（同 16.4%減）と減少した。旺盛な M&A
意欲を支えているのは，企業の豊富な内部留保（利益剰余金）で，2015 年末時
点の内部留保は 355 兆 7,600 億円（金融・保険業を除く）と過去最高であった。

　最近の日本企業の M&A 事例は，表 12− 1 の通りである。2015 年には，伊
藤忠商事がタイの財閥チャロン・ポカパン・グループと組み，中国最大の国有

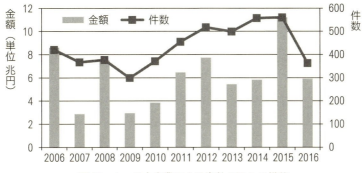

図 12－1　日本企業による海外 M&A の推移

（注）2016 年は 1－7 月間のデータ。

出所：レコフ社資料。

表 12－1　日本企業による海外企業 M&A 事例（In－Out）

SEQ	買収企業	被買収企業	金額　兆円 （発表ベース）	発表日
1	ソフトバンク	アーム・ホールディングス（英）	3.30	2016. 7. 18
2	日本たばこ	ギャラハー（英）	1.73	2006. 12. 15
3	サントリー	ビーム（米）	1.68	2014. 1. 14
4	ソフトバンク	スプリント・ネクステル（米）	1.57	2012. 10. 15
5	伊藤忠/チャロン（タイ）	中国中信集団了会社（中国）	1.20	2015. 1. 20
6	東京海上	HCC インシュアランス（米）	0.94	2015. 6. 11
7	三井住友海上火災	アムリン（英）	0.64	2015. 9. 8
8	明治安田生命	スタンコープ（米）	0.62	2015. 7. 24
9	日本郵政	トール・ホールディングス（豪）	0.62	2015. 2. 18
10	日本たばこ	レイノルズ・アメリカン一部事業（米）	0.60	2015. 9. 29
11	第一生命	プロテクティブ（米）	0.58	2014. 6. 4
12	三井住友 FG	日本 GE（米）	5.75	2015. 12. 15
13	住友生命	シメトラ・ファイナンシャル（米）	4.60	2015. 8. 11
14	NTT データ	デルの IT サービス部門（米）	3.50	2015. 3. 28
15	ソフトバンク	日本テレコム（米リップルウッド）	3.40	2004. 5. 27

出所：2016 年 10 月 5 日　日本経済新聞，著者調査。

企業グループ中国中信集団の子会社の株式を約 1 兆 2,000 億円で取得し，日本企業の対中投資としても過去最大であった。また，保険業界の大型買収が目立つ。東京海上ホールディングスが米医療・障害保険大手 HCC インシュアランス・ホールディングスを約 9,400 億円で，また三井住友海上火災保険が英損保，明治安田生命保険と住友生命が米中堅生保をそれぞれ買収した。

表 12 − 2　最近の海外の M&A 事例

業　種	買収企業	被買収企業	支払額（10 億ドル）	発表年月
製　薬	ファイザー	ワイス	64.5	2009. 1
電　力	エネル（イタリア）	エンデサ（スペイン）	58.7	2014. 11
醸　造	インベブ（ベルギー）	アンハイザー・ブッシュ（米国）	50.6	2015. 11
銀　行	バンク・オブ・アメリカ	メリルリンチ	46.4	2008. 9
製　薬	ロシュ（スイス）	ジェネンテック	44.3	2009. 3
製　薬	メルク	ジェリング・プラウ	38.4	2009. 3
鉱　業	リオティント（英国）	アルキャン（カナダ）	38.1	2007. 7
電気通信	ベライゾン・ワイヤレス	オールテル	28.1	2008. 6
食　品	マース	リグレー	27.0	2008. 4
銀　行	ロイズ TSB（英国）	HBOS（英国）	18.0	2008. 9
銀　行	ウェルズ・ファーゴ	ワコビア	12.7	2008. 10

　出所　Mergers and Acquisitions の各号。

◆最近の海外の M&A

　最近の海外の M&A 事例は，表 12 − 2 の通りである。グローバル金融危機
で影響を受けた銀行間の水平的 M&A や製薬会社の M&A が目立つ。

◆世界の海外 M&A（In − Out or 海外企業間）

　海外企業を対象とした M&A は，2000 年と 2007 年に急拡大した（図 12 − 2）。
当時の状況は，2000 年は米ドット・コム・バブル，2007 年は米不動産バブル
から，サブプライムローン問題が顕現化しており，いずれのタイミングもバブ
ルのピークである。また，最近，In − Out が活発化しており，一例として，

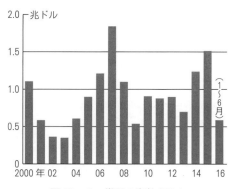

図 12 − 2　世界の海外 M&A

　（注）米トムソン・ロイター調べ

出所：2016 年 8 月 12 日　日本経済新聞朝刊。

2015 年 7 月, ソフトバンクグループが英アーム・ホールディングスを約 3 兆 3 千億円で買収するという巨額の取引が実施された。

第 3 節　合併の効果

　合併の効果を**シナジー効果**(synergy effect) という。この効果は「相乗効果」という意味である。具体的には, M&A を行った時に, 単に利益の合計が増えるだけでなく, 経営資源の有効活用や別々の事業の組み合わせにより, 大きな付加価値や効果を生み出すことを意味する。しかしながら, 必ずしも M&A がうまくいくとは限らない。以下では, その例を見ることにする。

【シナジー効果が微妙な例】

　3 行合併 (日本興業銀行, 富士銀行, 第一勧業銀行) で生まれたみずほ銀行

　一般に, 銀行の合併で問題となるのはシステム統合である。実際, 3 行のシステムは別々であった。最初は, そのうち, 1 つだけを利用する予定であったが, その後, 3 つのシステムを中継コンピュータで結ぶことになった。

　しかしながら, 営業開始 (2002 年 4 月 1 日) から 5 日後, コンピュータシステムの不具合により, 大混乱が生じた。7 千台の ATM が機能を停止, 6 万口座で同じ取引を二度引落しした。結果, 何百万もの請求書が未払いとなった。

【M&A の失敗例】

・AOL とタイムワーナーの合併

　　要した費用:1,560 億ドル。

　　合併発表直後に IT (情報技術) バブルが崩壊。高騰していた AOL の時価総額が急落した上, 景気後退による広告収入減が重くのしかかり, 2002 年決算では, 米産業史上最大といわれる約 1,000 億ドルの最終赤字を計上。

・コンバースによるアペックス・ワンの買収

　　わずか 85 日間 [1995 年 5 月 18 日 (買収日)〜8 月 11 日 (アペックス・ワンの事業停止)] で, 買収費用 4,000 万ドルを失う。

◆いくつかの疑わしい合併理由

・多角化

　　現金が豊富な企業の経営者が, 現金を追加配当するより, 買収資金とし

128

て使うことがある。

・資金調達コストの低下

合併した企業は，別々の企業でいるより，低コストで借入れが可能。

◆合併の利益と費用の推定

最後に，合併による利益と費用を推定する手順を示す。

・合併の利益＝合併後の企業価値－合併前の各企業の価値
$$=PV_{AB}-(PV_A+PV_B)=\Delta PV_{AB}$$
・合併の費用＝現金支払額$-PV_{AB}$
・純現在価値（NPV）＝利益－費用＝$\Delta PV_{AB}-($現金支払額$-PV_{AB})$

例 企業 A は 2 億円の価値があり，企業 B は 5,000 万円の価値がある。 2 社の合併は現在価値で 2,500 万円の費用節約が可能。合併後の企業価値はいくらか。

答え：$PV_{AB}=PV_A+PV_B+\Delta PV_{AB}=2+0.5+0.25=2.75$ 億円

───────────── 演 習 問 題 ─────────────

12.1 以下の仮想上の M&A は，水平的か，垂直的か，あるいはコングロマリット型か。
　　（1）IBM がデルを買収
　　（2）デルが西友を買収
　　（3）西友が伊藤園を買収

12.2 シナジー効果の意味を説明しなさい。

12.3 以下のカッコ内の a, b, c に，それぞれ該当する企業名を入れなさい。
　　最近の海外の M&A 事例として，銀行分野では，世界金融危機を契機として，2008 年に，バンク・オブ・アメリカが（ a ）を，ロイズ TSB（英国）が（ b ）を，また，ウェルズ・ファーゴが（ c ）を救済した。

演習問題解答

第1章　企業の資金調達と証券市場

1.1　[物価連動国債] 満期 10 年，CPI（生鮮食品を除く総合指数）に元金額が連動する国債をいう。[DVP] 証券の引渡しと資金の支払を相互に条件づけ，同時履行を確保する仕組みをいう。[STP] 証券取引において，約定から決済に至る一連の事務処理を電子的なシステムにより自動化し，人手を介さずに一貫処理することをいう。[CCP] すべての市場参加者のすべての取引の相手方になって，取引を実行する中央清算機関をいう。

1.2　(a) 借入れ　　(b) 株式　　(c) 企業間・貿易信用

第2章　株式による資金調達

2.1　[自益権] 剰余金配当請求権，残余財産分配請求権，株式買取請求権

　　　[共益権] 議決権，株主総会招集請求権，株主提案権，取締役の違法行為差止権，解任請求権

2.2　[トヨタ自動車にとっての発行メリット]

　　　　AA 型種類株式によって，普通株で時価発行増資するよりも同じ株数に対して多額の資金調達が可能となる。

　　　[投資家にとっての購入メリット]

　　　　AA 型種類株式の投資家は，5 事業年度目以降，普通株の株価が大きく上がれば普通株に転換すれば良く，逆に，株価が大きく変動しない場合，種類株式のまま保有し，年率 2.5％の利回りを享受できる。また，株価が大幅に下落した場合，発行価格でトヨタ自動車に買い取ってもらうことができる。

第3章　債券による資金調達

3.1　(a) サムライ債　　(b) ユーロ円債　　(c) ショーグン債

　　　(d) デュアル・カレンシー債　　(e) リバース・デュアル・カレンシー債

3.2　(a) 適債基準　　(b) ヤオハン　　(c) スプレッド・プライシング方式

第 4 章　銀行借入れによる資金調達

4.1　3,000 万円

4.2　(a) 資本構成　　(b) 節税効果　　(c) 財務上の困難に伴うコスト

4.3　(a) コミットメントライン　　(b) シンジケート　　(c) アレンジャー
　　　(d) プロジェクトファイナンス　　(e) DIP ファイナンス
　　　(f) 動産・債権等担保融資（ABL）

第 5 章　投融資のための信用格付

5.1　(1)(a) 等級　　(b) 投資適格　　(c) 債務不履行（デフォルト）　　(d) 投機的

5.2　トヨタ自動車

5.3　B 社は今後も現状の融資を継続するとしても，回収できない場合に備えて多額の
　　　引当金が必要となり，新たな融資は難しくなると予想される。

第 6 章　信用格付に基づく信用リスク評価

6.1　[EBITDA] は，総資本に対して，どの程度キャッシュ・フローを生み出したか
　　　を簡易的に示す。[デット・キャパシティ・レシオ] は，銀行融資などの資金調
　　　達余力を示す。[当座比率] は，企業の短期支払能力を判断する。[流動比率] は，
　　　流動負債（1 年以内に返済すべき負債）を流動資産（短期間で換金可能な資産）
　　　がどの程度カバーしているかを示す。[ROA] は，企業の総合的な収益力を表す。

第 7 章　社債価値とデフォルト確率

7.1　$DD=1$ より，標準正規分布表で $u=1$ の場合の確率 $p(u)$ を求めると，0.3413 と
　　　なる。よって，デフォルト確率は，$\Phi(-1)=0.5-0.3413=0.1587$ となる。

第 8 章　デリバティブ

8.1　(1)(a) 先渡（フォワード）　　(b) 先物（フューチャー）　　(c) 店頭
　　　(d) 取引所　　(e) 信用デリバティブ

8.2　(1) 固定金利支払・LIBOR 受取　　(2) 6 億円

第 9 章　オプション

9.1　(a) 権利行使価格　　(b) 原資産　　(c) 権利　　(d) 株価指数

(e) プレミアム　　(f) 権利行使

9.2　（1）$\Delta = -0.5$, B$=\dfrac{60}{1.1}=54.55$ 円　　（2）4.55 円

9.3　省略

第 10 章　財務諸表と財務指標

10.1

(a)	当座比率＝当座資産／流動負債	86.7%
(b)	手元流動性＝(現預金＋流動資産の有価証券)／月商	289.4%
(c)	有利子負債（注：セブン銀行の銀行業における預金を含める）	1,551,096 百万円
(d)	EBITDA＝営業利益＋減価償却費	538,858 百万円
(e)	ROE のデュポン分解	
	①売上高当期純利益率	3.3%
	②総資産回転率	0.90 倍
	③財務レバレッジ	2.29 倍

第 11 章　財務計画

11.1　たな卸資産平均日数＝121.5 日，平均債権回収期間＝79.1 日，
　　　平均支払期間＝45.3 日，現金サイクル（日数）＝155.3 日

第 12 章　M&A

12.1　（1）水平的　　（2）コングロマリット型　　（3）垂直的

12.2　合併の効果をいう。シナジー効果は相乗効果という意味であり，具体的には，
　　　M&A を行った時に，単に利益の合計が増えるだけでなく，経営資源の有効活用
　　　や別々の事業の組み合わせにより，大きな付加価値や効果を生み出すことを意味
　　　する。

12.3　（a）メリルリンチ　　（b）HBOS　　（c）ワコビア

参考文献

伊藤敬介・荻島誠治・諏訪部貴嗣著，浅野幸弘・榊原茂樹監修，日本証券アナリスト協会編『新・証券投資論II実務篇』日本経済新聞出版社，2009年.

菅野正泰著『リスクマネジメント』ミネルヴァ書房，2011年.

菅野正泰著『入門 金融リスク資本と統合リスク管理 第2版』きんざい，2014年.

菅野正泰著『実践コーポレート・ファイナンス』創成社，2017年.

小宮一慶著『「ROEって何?」という人のための経営指標の教科書』PHPビジネス新書，2015年.

杉本浩一・福島良治・若林公子著『スワップ取引のすべて 第5版』金融財政事情研究会，2016年.

セブン&アイ・ホールディングス「有価証券報告書」，2016年.

日本証券業協会・髙橋文郎編『新・証券市場2012』中央経済社，2012年.

任天堂「有価証券報告書」，2016年.

ファナック「有価証券報告書」，2016年.

R. ブリーリー・S. マイヤーズ・F. アレン著，藤井眞理子・國枝繁樹監訳『コーポレート・ファイナンス（下巻）第10版』日経BP社，2014年.

索　引

134

136

《著者紹介》

菅野正泰（かんの・まさやす）

日本大学商学部・商学研究科教授。
大手金融機関にて，国際業務，市場業務，金融技術業務，IT 業務，調
査業務などを担当後，大手監査法人コンサルファームにて，主要金融機
関・金融庁等に対するリスクアドバイザリー業務に従事する。アカデミ
アに移ってからは，コーポレート・ファイナンスを含むファイナンス分
野の教育・研究に従事する。また，国内学会および国際学会の役員や公
的機関のリスク管理・ファイナンス関連委員会の委員を多数務める。
著書は『信用リスク評価の実務』（中央経済社，2009 年），『リスクマネ
ジメント』（ミネルヴァ書房，2011 年），『入門 金融リスク資本と統合
リスク管理 第 2 版』（きんざい，2014 年），『実践コーポレート・ファ
イナンス』（創成社，2017 年）など。論文は Assessing systemic risk
using interbank exposures in the global banking system, Journal of
Financial Stability (Elsevier) 20, 2015, pp. 105-130. Macro stress test
for credit risk, Journal of Risk Finance (Emerald) 16(5), 2015, pp.
554-574. など多数。
早稲田大学理工学部卒業，一橋大学大学院国際企業戦略研究科経営・金
融専攻修士課程修了 修士（経営）「金融戦略 MBA」，京都大学大学院
経済学研究科経済動態分析専攻博士後期課程修了 博士（経済学）。

（検印省略）

2017 年 9 月 20 日 初版発行　　　　　　　　　略称－発展コーポ

発展コーポレート・ファイナンス

著　者　菅野正泰
発行者　塚田尚寛

発行所　東京都文京区　　株式会社　創 成 社
　　　　春日 2-13-1

電　話　03 (3868) 3867　　F A X　03 (5802) 6802
出版部　03 (3868) 3857　　F A X　03 (5802) 6801
http://www.books-sosei.com　振　替　00150-9-191261

定価はカバーに表示してあります。

©2017 Masayasu Kanno　　　組版：緑　舎　印刷：エーヴィスシステムズ
ISBN978-4-7944-2510-2 C3034　製本：宮製本所
Printed in Japan　　　　　　落丁・乱丁本はお取り替えいたします。

―――――――――――― 経 営 選 書 ――――――――――――

発展コーポレート・ファイナンス	菅 野 正 泰	著	1,400 円
実践コーポレート・ファイナンス	菅 野 正 泰	著	1,450 円
すらすら読めて奥までわかるコーポレート・ファイナンス	内 田 交 謹	著	2,600 円
経 営 財 務 論 ―不確実性，エージェンシー・コストおよび日本的経営―	小 山 明 宏	著	2,800 円
経 営 戦 略 論 を 学 ぶ	稲 田 賢 次 部 泰 弘 伊 名 渕 浩 史 吉 村 泰 志	著	2,200 円
大学発バイオベンチャー成功の条件 ―「鶴岡の奇蹟」と地域 Eco-system ―	大 滝 義 博 西 澤 昭 夫	編著	2,300 円
経営情報システムとビジネスプロセス管理	大 場 允 晶 藤 川 裕 晃	編著	2,500 円
東 北 地 方 と 自 動 車 産 業 ―トヨタ国内第 3 の拠点をめぐって―	折 橋 伸 哉 目 代 武 史 村 山 貴 俊	編著	3,600 円
おもてなしの経営学［実践編］ ―宮城のおかみが語るサービス経営の極意―	東北学院大学経営学部 おもてなし研究チーム みやぎ おかみ会	編著 協力	1,600 円
おもてなしの経営学［理論編］ ― 旅館経営への複合的アプローチ ―	東北学院大学経営学部 おもてなし研究チーム	著	1,600 円
おもてなしの経営学［震災編］ ―東日本大震災下で輝いたおもてなしの心―	東北学院大学経営学部 おもてなし研究チーム みやぎ おかみ会	編著 協力	1,600 円
雇 用 調 整 の マ ネ ジ メ ン ト ―納得性を追求したリストラクチャリング―	辻 隆 久	著	2,800 円
転 職 と キ ャ リ ア の 研 究 ― 組織間キャリア発達の観点から ―	山 本 寛	著	3,200 円
昇 進 の 研 究 ―キャリア・プラトー現象の観点から―	山 本 寛	著	3,200 円
イ ノ ベ ー シ ョ ン と 組 織	首 藤 禎 史 伊 藤 友 章 平 安 山 英 成	訳	2,400 円

（本体価格）

―――――――――――― 創 成 社 ――――――――――――